訳注 般若心経秘鍵

松長有慶

春秋社

はしがき

『般若心経』に関する書籍の出版は、我が国ではかなりの数にのぼる。経典の一字一句を追った解説書から、学術的な注釈書、さらには著者の人生経験を基盤とした達意の解説書など、さまざまである。

弘法大師空海は『般若心経』に対して、真言密教の立場から独自の見解を披歴する。『般若心経秘鍵』一巻がそれである。

内容は極めてユニークで、従来の一般的な『般若心経』観に立って読むと、奇異の感をもたれるかもしれない。ただこの経典の内容を詳しく検討するとともに、この経典のインドから中央アジア、中国、日本への広範な伝播史と、一般民衆のこの経典に対する厚い信仰のありかたを探ってみると、むしろ空海の『般若心経』に対する解釈は、経典が意図するところと、極めて近いのではないかとも考えられるのである。

この空海の『般若心経秘鍵』に関して、先に上梓した『空海 般若心経の秘密を読み解く』の内容に若干の手を加え、表題を『訳注 般若心経秘鍵』と改めたのが本書である。

読者の方々は、「第Ⅰ部 著作解説」において、空海撰『般若心経秘鍵』に込められた『般若心経』に対する独自の見解を学び、ついで「第Ⅱ部 本文解説」の中の『般若心経秘鍵』の本文の注解に進んでいただければ、より経典の理解が深まると思う。また『般若心経』そのものに対する理解を深めるための「付録 般若心経に聞く」も、あわせてご覧いただきたい。

先の旧著を刊行した年に、奇しくも高野山真言宗管長、金剛峯寺第四一二世座主に推挙され、高野山開創千二百年の記念法要を迎える準備に忙殺されることとなった。公職を辞した翌二〇一五年春から、高野山大学密教文化研究所において、大学の先生方とともに、弘法大師空海の主著の一つである『秘蔵宝鑰』の研究会を催した。この三ヵ年に及ぶ研究の成果は、『訳注 秘蔵宝鑰』と題して、本書に続いて春秋社より刊行される予定である。

今後さらに三ヵ年にわたりこの研究会を重ね、空海撰になる三部書と称されている『即身成仏義』『声字実相義』『吽字義』も順次刊行したいと考えている。

本書は、今後展開される空海の主著の訳注シリーズの第一作目にあたるといえるだろう。緻密な学術的な研究成果にもとづきつつも、一般の方々でも容易に近づき手に取ってもらえるよう、平易な表現を用いるなど工夫した。少しでも多くの読者が、千二百年の歳月を越えて、空海の繊細で奥深い思索の醍醐味を、総合的に幅広く味わっていただけることを期待している。

二〇一八年　春

高野山の寓居にて
著者　しるす

略記号表

正蔵　大正新脩大蔵経　大正一切経刊行会　昭和三年

真全　真言宗全書　高野山大学内　真言宗全書刊行会
昭和十年（昭和五十二年復刊）

続真　続真言宗全書　高野山大学内　続真言宗全書刊行会
昭和五十七年

定弘　定本弘法大師全集　高野山大学　密教文化研究所内
弘法大師著作研究会　平成六年

訳注　般若心経秘鍵……目次

訳注　般若心経秘鍵

第Ⅰ部　著作解説

一　宝の蔵を開く

1　秘密を解き明かす鍵を使う

仏教経典の中で、日本人の間で最もよく知られているお経といえば、ほとんどの人は『般若心経』をあげるであろう。日本仏教のいくつかの宗派では、いろんな儀式の時に『般若心経』を唱える機会が多い。神前でこの経典を読むこともある。

また大乗仏教の代表的な経典と言われているから、その内容が判れば、仏教の教理のおおよそのところが理解できるのではないかと、期待を込めて学習してみようと考える人もいるようである。

『般若心経』は中国でも、日本でも、僧侶だけではなく、一般の仏教信者の間でも、人気抜群である。民衆の間には、『般若心経』を読んだ功徳によって、いろいろな災難をまぬがれた説話や伝説が限りなくある。中国でも、日本でも、僧侶たちはその思想的な立場の相違を超えて、この経典にいく種類も注釈書を書いた。

弘法大師・空海もまた『般若心経』に対して自己の見解を披瀝する書物を著わしている。

『般若心経秘鍵《はんにゃしんぎょうひけん》』がそれである。ただこの著作は一般にいわれるような注釈書ではない。経典の文字を逐一追って注を付するよりも、『般若心経』に対して空海独自の見解を明らかにするものである。

したがって『般若心経』の秘められた本質を解き明かす鍵となる書物という意味をもつ名前をつけたのである。

あるいはまた、一般の人たちのような『般若心経』の見方では、この経典の本来の価値が汲み取れない。秘密の鍵を使えば、今までに見えていなかった仏教の核心がはっきり見えてくる。こういうわけで、『般若心経』の本質を読み解く秘密の鍵という名前がつけられたという見解もある。どちらの説をとるにしても、空海は『般若心経』に対して独自の密教眼をもって解釈するという点に相違はない。

空海は仏教全体を、顕教《けんぎょう》と密教に二分する。空海が中国から請来した真言の教えは密教で、それ以外の仏教の教えを顕教と名づける。顕教とはものごとの表面に現れている姿や形から判断し、理解する教えである。それに対して密教とは、ものごとの奥底に隠されている本来の意味を見つけだす教えだという。

空海の著作の一である『秘蔵宝鑰《ひぞうほうやく》』には、「顕薬は塵を払い、真言は庫《くら》を開く」という言葉がある。顕教は物の表面を覆っている塵を払って、見た目にはっきり見せる。それに対して密教は、秘密の蔵を開き、その中まで入り込んで、ものの本質を見極める教えなのである。

一般に仏教の教えは、釈尊の教化伝道が随機説法《ずいきせっぽう》といわれるように、教化する相手の機根《きこん》つまり宗教的な素質に応じて、それぞれ異なった教えが示される。だからその教えの内容は、聞くものにとっては分かりやすい。それに対して密教では、真理そのものを仏とみなして、その人格を持たない仏が説法するという。このような説法の形式は、法身《ほっしん》（真理を体とする仏の）説法といわれる。

法身説法《ほっしんせっぽう》は時と場所と相手を限定しないから、何時、何処でも、誰でも、それを聞こうと思えば、聞くことができる。ただなにもしないで待ち受けているだけでは、それは見えも聞こえもしない。

法身の説法をとらえるためには、志ある者は資格を具えた師匠からその方法の伝授を受けねばならない。それを説くのがここでの目的ではないので、それには触れない。しかし厳しい修行を積んでいない在家の方々でも、日常生活を送りながら、ある程度の目標に到達することは、かならずしも不可能ではない。

十数年前、機会に恵まれてアメリカの宇宙飛行士の方と対談したことがある。あるいは幾人かの宇宙飛行士の体験談の記録にも目を通した。それらの中で、最も印象に残ったのは、ラッセル・シュワイカートの次のような言葉であった。

「久遠の静寂の中に浮かび、輝かしく、青く、そして美しい本当の地球の姿を私たちは見たのです。この美しい星をぐるぐる廻ると、われわれは自らの限られた背景のもつ偏狭な限界をたちまちにして超え出てしまうのです。……実際に私が感じたことは、きわめて個人的で直接的で、気持ちを圧倒するものでありました。私は非知性的に、さらには霊的に、私がこの惑星上のすべての生命と結びついているのだということが分かったのです」（天理国際シンポジウム86『コスモス・生命・宗教』天理大学出版部　一九八八年　五四―五五頁）

われわれは日常生活のなかで、自分を中心にして周囲の世界を眺める習慣を知らず知らずに身に着けてしまっている。十何億年の間、地球の上だけでしか大空を見てこなかった人類が、今大空に飛び立って、地球に住む人間に思いを馳せた時、見も知らぬ人との生命の連帯を思い起こすという。日常生活で、オレがオレがの自意識に凝り固まっている人間が、自意識をひとまず捨てて、虚空から地球を眺めるように、自己とその周辺を眺める時、そこにはいままでと違った世界が開けてくる。

いままで見えていなかったものが、なにか見えてくる。聞こえなかった声が聞こえてくる。嫌なやつだと思っていた人に、かけがえのない美点があることに気づき、やかましいと毛嫌いしていた蝉の声が、美しい音色に聞こえるときもある。一番かわいくて大切にしまっていた自意識を思い切って捨てた時、宝の蔵を開く鍵が現れて、法身の説法が聞こえてくる。厳しい修行をしていない人でも、それは可能なのである。

2　注釈書

『般若心経秘鍵』について古くから真言宗の中では、研鑽が積まれ、注釈書が数多く書かれてきた。その中でも主要な書物を、時代順にあげると、次のようになる。

平安時代

1　済暹《さいせん》『般若心経秘鍵開門訣《かいもんけつ》』三巻（『正蔵』第五十七巻）承徳元年（一〇九七）。七十三歳の作。

2　覚鑁《かくばん》『般若心経秘鍵略注』一巻（『正蔵』第五十七巻、『興教大師全集』）。本文の主要な語句に注を施し、後世この書によった研鑽が少なくない。

鎌倉時代

1　尚祚《しょうそ》『般若心経秘鍵明鏡鈔《みょうきょうしょう》』二巻　写本（高野山宝亀院）。

2　道範『般若心経秘鍵開宝鈔』二巻（『日本大蔵経』般若部章疏）。讃岐の国に配流中に書かれた。参考文献も携帯せず、病と老のため首尾を忘ると後記に断られているが、内容は信頼に足る。

3　頼瑜『秘鍵開蔵鈔』二巻（『真全』第十六巻）弘長二年（一二六二）。三十七歳の時、醍醐の報恩院において著作した。

4　同『般若心経秘鍵愚草《ぐそう》』二巻（『続真』第二十巻）。本文に沿った逐語釈ではないが、上巻では三十五条、下巻とあわせて四十三条の課題を挙げ、問答体でもって解説を進める。はじめに、『般若心経』はもともと顕教の経典であるが、何故密教の経典とするのかの問答を通じて、注釈者の見解も述べる。本来は顕教の経典であるが、空海が密教の経典とみなしたとする新義の見解を代表する。顕と密の相違をいかなる点で判定するか、興味ある論が展開する。建治三年（一二七七）から翌年にかけての伝法会《でんぼうえ》の講義録。

室町時代

1　頼宝《らいほう》『秘鍵東聞記《とうもんき》』三巻（『続真』第二十巻）。元徳二年（一三三〇）頼宝述、了賢記。秘鍵を四段に分けて、ほぼ逐語的に本文を注釈しているが、要点を押さえた簡明な注。

2　杲宝《ごうほう》『般若心経秘鍵聞書《ききがき》』六巻（『真全』第十六巻）。杲宝述、賢宝記。貞和四年（一三四八）東寺の勧学会《かんがくえ》における講義録。後世広く参照された詳細な注釈書。

3　宥快《ゆうかい》『般若心経秘鍵鈔』十巻（『真全』第十六巻）。『宥快鈔』といわれ、参照されることが多い。

4　同『般若心経秘鍵信力鈔』二巻（『真全』第十六巻）。

5　同『般若心経秘鍵教童鈔』一巻　写本。本書は秘鍵両部、心経教主など二十八題について、論議決択したもので、大和の法華寺において書かれた。
6　同『秘鍵伊路波《いろは》聞書』三巻（『続真』第二十巻）。応永十八年（一四一一）著。本文の語句の大部分を逐語的に解釈するが、経論の引用はほとんどなく、自説を述べる。
7　成雄『般若心経秘鍵問題』二巻（『続真』第二十巻）。最初に経題に対して顕教的な解釈を示し、空海の解釈との相違を明らかにし、本文の難句、重要な語句を取り上げ、問答体で異議を説き明かす。
8　印融『秘鍵文筆抄』一巻（『続真』第二十巻）。永正三年（一五〇六）著作。『秘鍵』の偈頌のみを取り出し、韻声について論ずる短編。

江戸時代

1　祐宜《ゆうぎ》『般若心経秘鍵直談鈔』二巻　写本
2　亮典《りょうてん》『般若心経秘鍵文林』一巻　版本
3　浄厳《じょうごん》『般若心経秘鍵指要』二巻　写本
4　真賢『科注般若心経秘鍵』二巻　写本。高野山の補陀洛院の学僧で、天和三年（一六八三）作。
5　同『般若心経秘鍵箋解《せんげ》』三巻　写本。
6　龍雲『科般若心経秘鍵詳解』三巻　版本。覚鑁の『略注』に沿って詳細に注釈している。

7 覚眼《かくげん》『般若心経秘鍵撮義鈔』十巻（『続真』第二十巻）。宥快の『般若心経秘鍵鈔』十巻に基づき、私見を加えた注。『秘鍵』が金胎両部に属することを述べ、『般若心経』の題について、顕教の諸注釈と空海の見解について明かす。続いて『秘鍵』の全体を十段に分け、逐語的に注釈する。

8 曇寂《どんじゃく》『般若心経秘鍵私記』四巻　写本。

9 普寧『般若心経秘鍵躰玄記』二巻　版本。

10 三等『般若心経秘鍵蛇鱗記《だりんき》』二巻（『続真』第二十巻）。全体を十門に分けて、解説する。巻末の上表文を考証して偽作と断じ、承和元年の撰述とみなす。

11 亮海『般若心経秘鍵講筵《こうえん》』三巻　写本。初めに『般若心経秘鍵』撰述の縁起、年代、『般若心経』の異本、この経の釈字、顕密・両部分別、さらに題目に対して意見を述べ、本文をくわしく逐語的に注釈している。

12 周海『般若心経秘鍵披陳』二巻（下巻欠）（『続豊山全書』第三巻）。

13 卓義『般若心経秘鍵開蔵鈔記』二巻（『豊山全書』第七巻）。頼瑜の『般若心経秘鍵開蔵鈔』についての注記。

14 探盈《たんえい》『異本心経並梵本』一巻。

15 元瑜『般若心経秘鍵講翼』二巻。

16　隆瑜『般若心経秘鍵集決』二巻。

3　解説書

A　『般若心経秘鍵』

1　吉祥真雄『般若心経秘鍵講義』一九一九年、再刊　山城屋文政堂　一九八一年。第一章玄談解題は序説に当たる。承和元年撰述説に賛意を表し、伝統教学の注釈書の代表的なものを列挙し、題号を解釈する。第二章以下、第十八章までは、二段の上段に本文、下段にその延べ書き、後に一段組で本文の解説。

2　塚本賢暁『国訳般若心経秘鍵』（『国訳密教』論釈部一）一九二二年、複刊　国書刊行会一九八二年　延べ書きと簡単な注。

3　長谷宝秀『十巻章玄談』下　六大新報社　一九四六年。『般若心経秘鍵』全般にわたる問題について、古来の説を挙げながら論ず。

4　栂尾祥雲『現代語の十巻章と解説』一九五〇年に高野山大学通信講座のテキストとして出版され、後に十巻章全体をまとめて、高野山出版社より一九七五年と八一年に刊行された。伝統的な注釈書も参照した信頼すべき現代語訳である。ただ著作後半世紀余りたち、現在では、格調高いが、難解な言葉も混じる。

5 勝又俊教『弘法大師著作全集』第一巻　山喜房仏書林　一九六八年。解題と述べ書きと注を付す。

6 宮崎忍勝『般若心経と心経秘鍵に聞く』教育新潮社　一九七六年。前編は「般若心経に聞く」、後編は「秘鍵に聞く」と二分し、後編の序は総論、本文、述べ書き、大意、関連問題の解説を付す。

7 勝又俊教『秘蔵宝鑰・般若心経秘鍵』（『仏典講座』32）大蔵出版　一九七七年。まず第一章で、『般若心経』について解説し、第二章『般若心経秘鍵』についてでは、詳しい全般的な解説と参照文献の提示があり、本文、述べ書き、注、解説と行き届いた内容の講義録。

8 松本照敬「般若心経秘鍵」『弘法大師空海全集』第二巻　筑摩書房　一九八三年所収。上段に述べ書き、下段に現代語訳、後に注。

9 小田慈舟『十巻章講説』下巻　高野山出版社　一九八五年。まず本文を掲げ、ついで読方として述べ書きを、注解として語句の釈、最後に講義として、全般的な問題について講ず。伝統的な注釈書にも眼を行き届かせた講義内容。

10 金岡秀友『空海般若心経秘鍵』太陽出版　一九八六年。先に現代語訳を掲げ、ついで二段の上段に述べ書き、下段に注。

11 福田亮成『般若心経秘鍵』(弘法大師に聞くシリーズ1) ノンブル社 一九八八年。上段に延べ書き、下段に本文、後に解説。別に般若心経の類本の対照表を付す。

12 頼富本宏『空海』『日本の仏典』2 筑摩書房 一九八八年所収。述べ書き、語釈、要旨(現代語訳)。

13 池口恵観『空海と般若心経のこころ』講談社 一九九四年。全体を十一話に分け、『秘鍵』の本文を掲げ、達意的な見解を披瀝する。

14 坂田光全『般若心経秘鍵講義』高野山出版社 一九九九年。上段に本文、下段に述べ書き、ついで一段組みで、字解、講義、章意と続き、くわしく解説を加える。著者の講義ノートとして秘蔵されていた文章が没後三十余年後に出版された。そのため以後の研究成果の一端を、補注と解説で補っている(担当・米田弘仁)。

15 村岡 空『般若心経秘鍵入門』(大覚寺 二〇〇四年、「はんにゃ」nos.1-27. 一九九四—二〇〇一年の改訂版)。本文をあげ、古来の注釈書を参照しつつ、筆者独自の理解も披瀝されている。

16 村上保壽『空海の般若心経』セルパ出版社 二〇二〇年。空海の『般若心経』観の現代的な理解を示す。

17 越智淳仁『密教瞑想から読む般若心経』大法輪閣 二〇〇四年。本文と現代語訳を付す。

さらに『般若心経』を中心とする瞑想法に関して、漢訳とチベット訳資料を用いて丁寧な解説を加えている。

B 『般若心経』についての研究書・解説書

『般若心経』は日本人の間では人気があるため、おびただしい数の解説書や入門書が出版されている。その一々について紹介することは紙幅の関係から不可能なので、主要な出版書の一部を紹介する。

1 中村元・紀野一義訳注『般若心経　金剛般若経』岩波文庫　一九六〇年。訳注のほかサンスクリット原本を校訂して加える。

2 白石真道『白石真道仏教学論文集』白石寿子（相模原市）一九八八年　自費出版。本書には、『般若心経』のサンスクリットの諸テキストの校訂および比較対照をはじめ、和訳、注、研究と『般若心経』の原典研究の基本的な資料を多く含む。

3 福井文雅『般若心経の総合的研究―歴史・社会・資料―』春秋社　二〇〇〇年。新発見の敦煌出土の『般若心経』の写本資料も加えた、中国仏教史上および日本天台史における『般若心経』に関する詳細な学術研究。『般若心経』の受容形式について斬新な見解が披瀝されている。

4 立川武蔵『般若心経の新しい読み方』春秋社　二〇〇一年。インド大乗仏教の中観思想に造詣の深い著者が、般若心経について、幅広い観点から独自の見解を展開させている。

5 立川武蔵『ブッダから、ほとけへ』岩波書店　二〇一三年。原点から読み解く日本の仏教思想との副題を付すが、否定を通じての蘇りを焦点とする。その中の第8章、色即是空の解説が『般若心経』を考えるヒントになる。

6 竹村牧男『般若心経を読みとく』大東出版社　二〇〇三年。インド大乗仏教の唯識思想の専門研究者で、また仏教思想の啓蒙書の著作活動を積極的に進めている著者が、『般若心経』は現世利益を説く経典ではないとの立場から、その思想的な解明に当たる。空海の『般若心経秘鍵』についても、斬新な意見を述べる。

7 ダライ・ラマ14世著　宮坂宥洪訳『ダライ・ラマ　般若心経入門』春秋社　二〇〇四年。大乗仏教の特色を空の思想と慈悲の実践として説くダライ・ラマ14世の深い宗教体験の滲み出た書。

8 玄侑宗久『現代語訳　般若心経』筑摩書房　二〇〇六年。現代人の目からみた『般若心経』についての達意的な理解が面白い。否定を通してあらわれる「いのち」の肯定についても触れる。

二 『般若心経秘鍵』の特色

1 般若菩薩の悟りを明かす

『般若心経秘鍵』は『般若心経』に対する広い意味での注釈書の一つである。だが経典の一字ずつ文々句々にわたって注釈を加えるのではなく、『般若心経』に主題をとるが、それに対して独自の見解を披瀝する。それゆえ空海は『般若心経注釈』とか『般若心経解説』などといった通常の注釈類の名称ではなく、「秘鍵」と名づけたのである。

『般若心経』は、中国でも日本でも数多くの注釈書が書かれている。しかし空海は『般若心経』を題材にとり、それに対して独自の密教的な解釈を展開させた。その独自の密教的な解釈の特色に三点ある。この第二章の1、2、3において、その一々の項目を挙げ、第四章、第五章、第六章に、それぞれの主題に関連するいくつかの問題点を取り上げる。

空海の独特の解釈の第一点は、『般若心経』は大乗仏教の教理を文字によって書き表したものではなく、大般若菩薩の悟りの内容を真言の形でもって説き示した経典であるとみなすところにある。

一般に仏教の経典は、歴史上の人物である釈尊（生身《しょうじん》の釈迦）が王舎城とか霊鷲山《りょうじゅせん》など現実の土地において、弟子たちに囲まれて説いた内容をまとめて記したものと受け取られている。ところが密教の立場からすれば、経典は真理をそのまま仏とみなした法身の大日如来が、釈尊やさまざまな仏・菩薩の姿を仮にとって、説き明かしたものだという考えである。

「『大般若波羅蜜多心経』とは、是れ大般若菩薩の大心真言三摩地《さんまじ》法門なり」と『般若心経秘鍵』の序文においてまず宣言する。『般若心経』の経題に、「大」を付したので、般若菩薩にも大を付け足したと思われる。このような理由で、以下には一般的な用例に従って、般若菩薩の名称を使う。般若菩薩の「心真言」によって表現される「三摩地の教え」が『般若心経』だというのである。そのうち「心真言」については第五章で詳述するので、説明はそちらに譲る。「三摩地」とは、サンスクリット語の samādhi の音訳語で、「三昧」とも訳され、心を一点に集中した状態をいい、その結果としての悟りの境地そのものをさす場合にも使用される。

『般若心経』はだれが説いたのか、という教主論が真言教学においてしばしば取り上げられた。顕教つまり一般の仏教では、生身の釈迦とみる。ただ一部に観自在菩薩とする説もあるが、観自在は行ずる人であり、説く人ではないと否定される。

東寺の三宝（我宝《がほう》、頼宝、杲宝）並びに高野山の宥快等は、『般若心経』の教主を法身とみて、その中では変化《へんげ》法身つまり法身大日如来が姿を変えて説いたとする。一方、根来山の頼瑜は、教主を生身の釈迦、この経典を顕教の経とみなし、空海が秘密の慧眼をもって密教の経とみなしたとする説をとる。ところが、頼瑜はまた別の箇所では変化法身とみる説を挙げて、両様の説を立てている。

何故このように二つの説に分かれたのであろうか。それは『般若心経』が生身の釈尊の説とも窺える記載が『般若心経秘鍵』の中にも存在するからである。すなわち「此の三摩地門は、仏　鷲峰山に在して、鶖子《じゅうし》等のために之を説きたまえり」と述べられている。鶖子、すなわち舎利子を対告衆《たいごうしゅう》つまり説法の対象として法を説くとあるからには、この場合の仏は釈尊の他ではありえない。

空海自身が『般若心経』は般若菩薩の心真言として表現されている三摩地の法門であると述べるとともに、同じ『秘鍵』の中で、この三摩地門は釈尊が現実の土地である鷲峰山で、弟子の舎利子に対して説いた経典であるとも述べる。ここに教主の問題に異説が出てくる原因となっている。しかしまた違った角度からこの問題を考えてみれば、もともと大乗仏教の経典の中に隠された意味を見つけ出し、密教の経典と断定するためには、避けて通れない両説の提示だともいえる。

経典そのものに対する見解についても、密教の観点は特異である。経典は仏説を記した書籍というにとどまらない。空海の密教眼で見る経典観はさらにスケールが大きい。この現実世界に存在する山川草木をはじめ動物植物、天地自然、森羅万象ことごとくが、密教の眼から眺めると経典として映る、と自作の詩の中で大胆に詠いあげる。

空海の詩文を集めた『遍照《へんじょう》発揮性霊集《はっきせいれいしゅう》《ほっきしょうりょうしゅう》』（以下略称『性霊集』）十巻の第一巻の冒頭に、「山に遊んで仙を慕う詩」と名づける五百三十字からなる漢詩がある。山に入り、そこに展開する大自然の中に、仏からの直接の説法を聞き取る。その一部に、

「三密刹土に遍し、虚空に道場を厳《かざ》る。山毫溟墨に点ず。乾坤は経籍の箱なり。万象を一点に含み、六塵を縑緗《けんしょう》に閲く。行蔵は鐘谷に任せり、吐納《とどう》は鋒鋩《ほうぼう》を挫《くじ》く」（『定弘』第八巻一〇頁）

とある。

仏の身体、言葉、心の三密は虚空に満ち、この大自然は巨大な筆にたっぷり墨を含ませて、描き出した仏の世界に他ならない。天を蓋とし、地を函として、その中間にある森羅万象はことごとく自然が創り出した経典といえる。云々。

まさに大宇宙そのものを経典として、その中に仏を見る密教眼からすれば、経典を釈尊が説こうが、だれの教説であろうが、大日如来の直接の説法に他ならないのである。

2　あらゆる教えを含みこむ

『般若心経』に対する空海の見解の特徴の第二点は、『般若心経』は大乗仏教の空の思想を説くだけの経典ではなく、仏教のあらゆる教えを含んだ経典とみることにある。あらゆる教えの意味をどこに限界を設けるかについて、古くから議論がなされてきた。『般若心経秘鍵』の序に、

「大般若波羅蜜多心経とは（中略）簡にして要なり、約やかにして深し。五蔵《ごぞう》の般若は一句に嗛《の》んで飽かず。七宗の行果は一行に歠《の》んで足らず」（『定弘』三巻　四頁）

の文がある。このうちの「五蔵」と「七宗」をどのように解するかについて説が分かれる。五蔵とは、経、律、論の三蔵に、般若蔵と陀羅尼《だらに》蔵を加えた五蔵をいう。般若蔵とは、般若経によって代表される大乗を指すこともある。陀羅尼蔵とは、密教のことをいう。

まず本文の中の「五蔵の般若」の解釈に、古来より二通りの解釈がある。五蔵の中の般若の教えに限るか、あるいは五蔵全体にわたる般若の教えとみるかである。真言の注釈書類では、この二説を挙げるも、ほとんどの場合後者の説を採る。

つぎに「七宗」の解釈も複数に分かれる。その一は、南都六宗、すなわち律《りつ》、倶舎《くしゃ》、成実《じょうじつ》、法相《ほっそう》、三論《さんろん》、華厳《けごん》と、平安初頭に立宗された天台、これらをあわせて七宗という。空海の時代

は通常八宗が挙げられるが、それから真言を除いた顕教の代表的な宗派を指す。

第二の説は、『般若心経秘鍵』にあらわれる建《こん》（華厳）、絶《ぜつ》（三論）、相《そう》（法相）、二（声聞と縁覚の二乗）、一（天台）と、秘蔵真言を加えた七宗である。二乗を宗のうちに数えるについては、いささか抵抗もあろうが、『秘鍵』の内容から見れば、このように考えられてよい。

真言宗に伝えられている注釈類では、ほとんどの場合、第一の説をとる。覚鑁『略注』（『正蔵』第五十七巻　一四頁）、道範『開宝鈔』（『日本大蔵経』般若部章疏　四八五―四八七頁）、頼瑜『開蔵鈔』（『真全』第十六巻　九二頁）、宥快『鈔』（同　二〇八頁）、『信力鈔』（同　三八二頁）、頼瑜『愚草』（『続真』第二十巻　二五頁）、頼宝『東聞記』（同　一二四頁）。近代の学者では、塚本（八八頁）、栂尾（一四頁）、金岡（七三頁）、福田（三九頁）、頼富（三九七頁）がこの説を支持する。

第二の説を採用する代表は、三等『蛇鱗記』（『続真』第二十巻　三四四頁）である。近代では、吉祥（五五頁）、宮崎（一八六頁）、松本（三五一頁）、小田（一一六二頁）、越智（六五頁）をあげることができる。とくに小田は第一の説も記しながら第二の説が妥当であると述べている。

両説を併記するのは、宥快『伊路波聞書』（『続真』第二十巻　一九一頁）と覚眼『撮義鈔』（同　二八四頁）であるが、宥快は第一説を主とし、第二説を従とする。覚眼も基本的には前書と同様であるが、倶舎、成実、律の三宗を二乗に摂し、七宗すべてを顕教とみなすのである。

近代では坂田（一七頁）が宥快と同じ。勝又は第一の説（『弘法大師著作全集』第一巻　一一一頁）を取るが、第二の説（『仏典講座』32　四一五頁）も挙げ、いずれにも断り書きを付していないのは不統一の責めをまぬがれない。

　第三の説として、八宗から律宗を除いて七宗とする考えもある。律は各宗に共通する点と、他の七宗派それぞれのような宗義を持たない点から、一宗と認めがたいので、それを除外して、真言を加えて七とする。この説は古く済暹の『開門訣』に記され（『正蔵』第五十七巻　二七頁下）、その後の注釈者の中では、杲宝『聞書』（『真全』第十六巻　九二頁）が継承し、宥快が『鈔』（同　二〇八頁）と『伊路波聞書』（『続真』第二十巻　一九一頁）の中で触れているが、それほど注目されなかった。村岡（一一四頁）は、歴史的には第三説、現代的には第二説が至当。両説併記が穏当という。

　七宗について古くからの見解に三種あった。多くの注釈家たちは、第一説すなわち八宗のうち真言を除いた七宗説をとる。その理由はいずれの注釈書にも明記されていないので、推量するより方法がないが、その一は、南都六宗に天台宗を加えるという発想であろう。その二は、天長七年（八三〇）前後に、勅命によって八宗の学僧にそれぞれの宗義を記した書物が呈上せられたとの伝（豊安《ぶあん》の『戒律伝来記』序『正蔵』第七十四巻　一頁上）が存し、後世でも真言宗の中では、八宗論として語り伝えてきたため、単純に八宗から真言宗を除く七宗と考えたものであろうか。

なぜ真言宗を除くのかという点について、もう少しつめて考えてみると、『秘鍵』の本文に、「『般若心経』の一行の中に、七宗の行果を全部含めてもなお余りがある」と記載されている。この七宗の中に真言宗を含めると、真言の行果より『般若心経』のほうが優れているということになるのを恐れて、除いたと考えるのは、うがちすぎであろうか。

前掲文中の「一行」は『般若心経』本文では「三世諸仏依般若波羅蜜多故得阿耨多羅三藐三菩提」に当たる（栂尾　一五頁注）。「この中には顕密諸宗の教法を含むから、今の七宗も顕密に通ずとすべきである」という小田の意見（一一六三頁）に賛意を表する。

第二の説、建、絶、相、二、一と真言の七宗説は、同調する学者はそれほど多くないが、本文の内容に沿った意見である。なぜならば『秘鍵』本文中の行人得益分《ぎょうにんとくやくぶん》に、「行人の数は是れ七つ」とあり、この箇所の「七」は第二説の七種の行人を指すことに、諸注釈も異論はないからである。

また諸注釈者は『秘鍵』の本文の「五蔵の般若」を、般若の中に真言も含むとみなしている。この意見を認めるならば、その後の「七宗」にも真言を入れないと、整合性を欠くことになろう。

おそらく空海の眼には、『般若心経』は小乗、大乗の諸宗と真言を含めたあらゆる仏教の思想と行の果が凝縮した経典と映ったとみてよい。

3　般若の呪経

空海の『般若心経秘鍵』の第三の特質は、『般若心経』を「般若菩薩の悟りを凝縮した心真言（呪文）を主体として説く経典」とみなす点である。

『般若心経』は大乗仏教の代表的な経典である『大般若経』六百巻の肝要を摘出した経典だと一般に理解されている。この短いお経の中に、大乗仏教のエッセンスが詰め込まれているというのならば、一度それに眼を通して、手っ取り早く仏教のアウトラインでも掴み取りたいという気を人々に起こさせるためであろうか、仏教経典の解説書の中では、『般若心経』に関する本が一番よく売れるといわれる。

『般若心経』は省略して「心経」ともいわれるが、むしろこの「心経」という略名のほうが一般によく通用している。「心経」とはエッセンスの経典、上に般若がつくから、『般若経』のエッセンスが書かれているというように受け取られている。

一般の人々の中でそのように理解せられているだけではなく、この経典に対する中国や日本の注釈者の間でも、この常識は通用している。それではなぜ空海の解釈が一般と違うのか。『般若心経』という経題の中の「心」の解釈から、問題を解きほぐしてみよう。この場合の

「心」のサンスクリット語は、hṛdaya である。hṛdaya は、心臓とか真髄という意味のほかに、心真言を指す言葉でもある。一般に『般若経』の教えの真髄を説く経典とみるに対して、空海は『般若経』の真髄が心真言に凝縮されているとみて、『般若心経』はその最後のところに出てくる心真言が本体となると主張するのである。

『秘鍵』にはこの点について、次のようにいう。

「是の経の真言は即ち大心呪なり。此の心真言に依って般若心の名を得たり。或が云く、大般若経の心要を略出するが故に心と名づく。是れ別会《べって》の説にあらずと、云々。所謂龍に蛇の鱗《いろくず》あるが如し」(『定弘』第三巻　六頁)。

『般若心経』の中の「心」を『大般若経』の心要の心と見るか、心真言の心と見るかの違いによって、『般若心経』の受け取り方に相違ができたのである。龍にも蛇にも同じような鱗があるが、それを蛇と思い込んでしまって、本当は龍であることを見誤ったのだという喩えを出している。

『般若心経』の「心」を『大般若経』の心要と捉える見解が現在では一般的であるが、『般若心経』がもともとどのような経典として扱われていたかを探ってみると、それは呪文として信仰されていたことが分かる。

『般若心経』は中国や日本のみならず、西域の国々でもチベットでも大乗仏教の伝播した土地では、どこでも流行している。そしてこの経典はこれらの国々で、大乗仏教の思想的な卓越性によって、人々の関心をひきつけたのではなく、この経典を書写し、読誦し、聴聞したりする功徳が甚大であると信じられてきたからである。

大乗仏教の経典の多くは、思想的にもすぐれた教説を含むために、その思想に共鳴するだけではなく、その経典を書き写したり、読んだり、その講義を聴いたりする功徳が大きい、と民衆の間で信じられて流行した。大乗経典の中でも、『法華経』、『仁王般若経』、『金光明経』などはとくにその傾向が顕著である。日本でも上代から奈良時代にかけて、これらの経典は護国三部経と名づけられ、五穀豊穣とかふりかかる災いを防ぐ除災の経典として広い信仰を集めた。

インドでは、古くから真実語の信仰が広く人々の間でもたれてきた。うそ偽りのない言葉を口にすると、災難から免れるというのである。インドの古い民間伝承を伝える『マハーバーラタ』や説話文学の中に、真実語について多くの興味深い物語が残されている。

大乗仏教の経典の中には、真実なる言葉が凝縮して詰め込まれている。だからその経典を読んだり、書いたり、聞いたりすれば、災いから逃れることができると人々の間で信じられるようになった。

『般若心経』の翻訳者の一人である玄奘《げんじょう》が、中国からインドに向かって求法《ぐほう》の旅をしている時、悪鬼が襲いかかり、生命が危機に瀕した時、玄奘は観音菩薩を念じたが、危機は去らず、

『般若心経』を唱えるに及んで、悪鬼はことごとく退散したと、彼の伝記に記載されている(『大慈恩寺三蔵法師伝』巻一、『正蔵』第五十巻　二二四頁中)。玄奘がインドに向かう途中で、『般若心経』を所持していたかどうかは、ここではあまり問題ではない。大乗仏教の中でも名前のよく知られた学者で、大翻訳家の玄奘が、あわやという時に、『般若心経』を唱えて、難を免れたという伝承が残されているということは、この経典の受容のありかたを示す話として興味深い。

現在では『般若心経』という名前で親しまれているが、現存のサンスクリットの写本では、その経題は「般若波羅蜜多心」(prajñāpāramitā-hṛdaya)となっていて、「経」が付いていない。あるいは「陀羅尼」(dhāraṇī)の語がさらにその後に続くものもある。漢訳でも古い訳には、経が付いていない。その題に経を付け加えたのは、おそらくは玄奘ではないかと考えられる。『般若心経』はもともと除災の機能にすぐれた呪として人々の間で受け取られ、信仰されていたと考えられる。空海がそれを呪経と見て、それに注釈を加えたのは、異端の説ではなく、むしろ本来の経典のうけとめ方だったといえるのである。

三　法より人

1　抽象から具象へ

『般若心経秘鍵』の特色の第一は、『般若心経』を『大般若経』の要約ではなく、「般若菩薩の大心真言の三摩地の法門」とみなす点である。密教では、真理は抽象的な概念とか言葉として存在するのではなく、常に具体的な形をとって現れていると考える。

われわれの日常生活においては、言葉を使って議論を重ね、内容の理解を深めるのが一般的である。ところが、抽象的な概念を並べ立てるよりも、具体的に存在する物を見たり、聞いたりすることによって、直感的にその内容がわかったような気になるという経験を、だれでももったことがあるはずである。

鳩が平和の象徴とみられたり、国旗がそれぞれの国のもつ文化と歴史を含む未来像を想像させる役割を担ったりする。自由とか平等だとか平和といったような抽象的な概念よりも、具体的に存在する物のほうが、感覚的に把握しやすいこともある。

密教では抽象的な概念について、複雑な議論を重ねるよりも、現実に存在する事物を示して、その物がもっている本質を、直感によって会得する方法をとることが多い。現実に存在するもののことごとくに真理が宿ると考える密教思想がその背景となっている。

『大般若経』には繰り返し、いろいろな角度から「空《くう》」について説かれている。「空」についてその内容を理解しようと、議論を重ねることは必ずしも無意味なことではない。しかしそれがそれほど簡単なことではないことに人々は気づいている。

『般若心経』についておびただしい数の解説書が世に出されているのも、「空」について理解したいという人々の期待の現れであるに違いない。しかし「空」とは、無分別つまりわれわれの分別の働きを超えた世界をいう。われわれが目の前にあるものを、薔薇の花だと知るには、いろいろな手続きがいる。それが山でもない、人間でもない、鳥でもない、とあらゆる存在物と比べて、花だと理解する。だがこの花は桜でも百合でもすみれでもないと区別して、最後にそれが薔薇であると認識する。われわれが「わかる」のは、他のものと比較して、それを別なものと区別して知るのである。

分別とは、あるものを他の存在物と別なものとして、分け別つ働きである。ところが「空」とは無分別だということは、ものを分けて認識することを否定することである。分けては捉えることのできない「空」を、分別に基づいた理性の働きで捉えようとすることに矛盾があることはいうまでもない。だから「空」を頭で分かろうとしても、理解することが困難なのである。

『般若心経』の解説書の多くが、空の思想を理論的に説き明かすよりも、著者の人生経験を中心として、その内容を間接的に説明するという方法を取っているのも、このような矛盾を抱えているからに他ならない。

悟りといったきわめて個人的な宗教体験を、それでなくても完全な伝達方法とは言いえない、現実にわれわれが日常的に使用している言葉で伝えるのは、不可能だというほかはない。専門的な用語では、そのことを果分《かぶん》不可説《ふかせつ》という。果分とは悟りの世界をさす。それに対して因分《いんぶん》とは苦と悩みの横溢した現実の世界のことである。

ところが密教では、果分は可説だという。言葉によっては不可能でも、なんらかの象徴を通じて、悟りの世界を体で受け止め、捉えることが可能だと説く。そのことを裏付けるために、真理の象徴的な表現をいかになすか、またその把握をいかにするかについて、密教ではいろいろな方法を用意している。

密教では、眼に見えない真理が現実に姿や形を取るのには三種（『大日経』）ないし四種の方法（『金剛頂経』）があるという。三種とは、尊形《そんぎょう》、三昧耶形《さんまやぎょう》、種子《しゅじ》である。四種とは、それらに羯磨《かつま》（活動）を加える。

尊形とは、仏、菩薩、明王、天などといったわれわれが普通にいう仏の形をした姿である。三昧耶形とは、金剛杵《こんごうしょ》、宝珠《ほうしゅ》、蓮華、輪宝《りんぼう》などの法具の形をとったものをいう。種子とは、悉《しつ》曇《たん》文字などの梵字で書かれた文字をさす。羯磨とは、風のそよぎ、小川のせせらぎといった自然の動きや、人為的また機械的な動きなどのことである。尊形、三昧耶形、種子、これらの三を三種本尊という。またこれら三種本尊に羯磨を加えた四種を曼荼羅《まんだら》とみなすと四種曼荼羅となる。

『般若心経』の核心を、三種本尊をもって具象化すると、尊形では般若菩薩、三昧耶形としては梵篋《ぼんきょう》すなわち経巻、種子では梵字の dhīḥ であらわす。

般若菩薩は仏母《ぶつも》と呼ばれる。般若波羅蜜多（prajñāpāramitā）のサンスクリット名が女性形をとるためと、般若の智慧によって諸仏が悟りにいたるために仏母の名が付けられたものであろう。像形としては、二臂《ひ》と六臂があり、身色《しんじき》も黄色と白色の二通りある。現図《げんず》胎蔵曼荼羅の持《じ》明院《みょういん》の五尊の中央にいます尊は白色で六臂。上部の二臂はいずれも二つ折りにして、無名指をまげ、右は掌を立て、左は掌を上に向ける。中部の二臂の左手は胸に当てて般若の梵篋を持ち、右手は無名指と大指を先端で合わせ、他の三指を立てる説法の印。下部の二臂は与願《よがん》印を結ぶ。

三昧耶形の梵篋は『般若経』で、知恵の象徴でもある。

種子は dhīḥ あるいは dhiḥ、ときに prajñāpāramitā の頭文字をとり pra とすることもある。

2　恵果和尚との出会い

真理は抽象的な概念とか言葉によって理解されるわけではない。常にそれは具体的な形をとって、現実世界に存在する、と密教では考える。空海は十八歳にして、大学に入り当時のエリートコースを歩みながら、自らの意思によって中退し、仏道の真実を極めようと沙門《しゃもん》の道に進む。空海はその当時の心境について、後に次のように語っている。

「弟子空海　性熏《しょうくん》　我を勧めて還源《げんげん》を思いと為す。径路未だ知らざれば、岐に臨んで幾たびか泣く。精誠感あって、この秘門を得たり。文に臨んで心昏《くら》し。赤縣に尋ねんことを願う。人の願いに天　順《したがっ》て大唐に入ることを得。たまたま導師に遇うて、云々」（『性霊集』巻七『定弘』第八巻　一〇八頁）。

自身やむにやまれぬ本性からの気持ちによって、本源の真理を求めようと志したが、そこに至りつく道がわからず幾たび泣いたことであろうか。真心が通じてやっとこの秘密の教えを記した経典と出会うことができた。しかしその文章を読んだだけでは、意味が通じない。本場の中国に行って学びたいとひたすら願っていたところ、幸いに中国に渡る機縁に恵まれ、よき師に出会うことができて、正系の密教を受け継ぐことができた。

ここには若き空海の血のにじむような精神遍歴の一端が記されている。それとともに密教を学ぶには、文字とか言葉によっては理解することはできず、師との出会いがあって初めてその本質に至りつくことができる、という密教会得の本来のかたちにも触れられている。

空海は恵果《けいか》に師事して、インドより伝承されてきた正系の密教をことごとく伝授される幸運を得たが、出会って半年あまりの後に、師の逝去にあう。空海は選ばれて、師の恵果の業績を碑銘に録する栄誉を得た。そこには、密教がインドにおいて、金剛薩埵が受け、そして伝授してから、師資相伝して恵果は七代目に当たる、と述べた後、恵果の言葉として密教の法統を継ぐ意味について、注目すべき発言を記している。

「冒地《ぼうじ》の得がたきにはあらず、この法に遇うことの易からざるなり」（『性霊集』巻二「恵果和尚《かしょう》の碑」『定弘』第八巻　三五頁）。

冒地とはサンスクリットのボージ（bodhi）の音訳で、菩提とか悟りという意味である。「この法」とは言うまでもなく密教の法であるが、密教の法を伝えてきた阿闍梨《あじゃり》をさす。

仏道の修行者は悟りを目指して日々の修行に励む。ところがこの言葉は、悟りを得るのはさほど難しくはない。密教の正しい法を受け継いだ阿闍梨に出会うことが、難中の難であるとの意味である。正系の密教を相承《そうじょう》した師との出会いが、仏道修行者の究極の目標である悟りをうることよりも、すばらしいことだと、空海は師の言葉を強調している。

こつこつと修行を重ねて、最終目標の悟りに行き着くのは顕教の方法である。密教では、文字とか言葉を使って悟りをつかむという方法をとらない。だから極端にいえば、最初に出会う師によってその修行者の悟りの質が決まってしまうことになる。

こういった意味において、師との出会いが重要な意味をもつことはいうまでもない。空海は師の恵果との出会いについて、同じく「恵果和尚の碑」の中で、次のように述べている。

「弟子空海、桑梓《そうし》を顧みれば東海の東、行李を想えば難中の難なり。波濤萬萬として雲山幾千ぞ。来ることわが力にあらず。帰らんことわが志にあらず。我を招くに鉤をもってし、我を引くに索をもってす」（同　三六頁）。

空海は自らの意思でここに来たのではない。帰るのも自分の考えではない。自分は鉤にかかり、索によって師の下に引き寄せられたと述懐している。師の恵果と弟子の空海との間には、人の目に見えぬ無限のネットワークが張り巡らされていて、空海はその網によって自分の意思を超えて引き寄せられ、恵果との出会いが果たされたということである。この文章の後に、さらに続けて、恵果の臨終の枕元において、師は空海との宿縁に言及し、自分の滅後、東国に生まれ変わり、汝の弟子となり、互いに師となり、弟子となって、ともに力をあわせ密教の流布に努めようという遺言のあったことを記している。

また空海が中国より帰った後に、朝廷に提出した帰国報告書とも言うべき『御請来目録《ごしょうらい》』には、恵果との出会いを「幸いにして」とか「偶然として」と記している。これらの言葉は現在われわれが使っているような「たまたま」といった軽い意味ではなく、前世から約束された宿縁に従ってといった重い内容をこめた言葉遣いと見なされる。

求道者が師を求め、探して弟子入りを許されて入門する。弟子が師を選び、その結果として師弟の関係ができたように見えても、それは人間の計らいを超えた眼に見えぬネットワークで、しっかりと結び合わされた宿縁のしからしむところなのである。

文字と言葉によってではなく、面々相対しての伝授という形式でしか法は伝えられぬとする密教では、師匠のもつ権威と意義とはきわめて大きい。サンスクリットでは、師匠のことをグル（guru）という。グルとはもともと「重い」という意味をもつ言葉であることも、インドにおける広い意味の教育において、師の占める地位がどれほど重要であるかを示していると見てよいであろう。

3　密教伝授の形式

密教を本格的に学ぶために、経典を読み、その内容を理解するといった方法は、それほど重視されない。なによりも法の伝統を正当に継承した阿闍梨から受法の資格が認められて、その法を受けることが出発点となる。密教の受法に当たって、言葉や文字によって法を受けとることを、筆受《ひつじゅ》という。それに対して、阿闍梨から灌頂の儀式を通じて、法を継承することを、面《めん》受《じゅ》という。

中国よりの帰国後、親密な交際を続けていた最澄と空海がやがて袂を分かつようになった原因のひとつに、密教を学び、継承することについての見解の相違が指摘されている。最澄は中国の天台山において、天台学と戒律、それに禅もあわせ学んだのち、帰国の船を待つ間に、越州で密教の付法を受け、八〇五年に日本に帰った。一方、中国の都、長安において、インド伝来の正系の密教を、恵果より受法する幸運をえた空海が、数々の新しい密教経典や密教儀礼を執行するための法具を携えて、その翌年に帰国し、やがて新来の密教の宣布を開始する。

最澄は、本格的な密教を専学し、受法して帰った空海から、あらためて密教を学ぶために、新しく請来された密教の経典や儀軌を、空海から借用し、それらを書写し、読むことによって、密教を理解しようと努めた。最澄から空海に宛てた経典借用の依頼状が残っている。

両者の交流はしばらくの間続くが、最澄が文字を通じて密教を学ぼうとする姿勢を崩さないことに、空海はやがて気づくことになる。そして密教の核心部分に触れた『理趣経《りしゅきょう》』の注釈書の借用依頼に対して、空海は頑として拒絶する。密教の学習は、筆授ではなく、面授でなければ不可能であることを知っていたからである。それ以後、両者の交友関係は途絶した。

このように密教では、言葉や文字ではなく、人を通じて法が継承されることが本義であるため、密教を確かに継承したことを示す相承系譜が重要視される。

密教の相承系譜の最初に位置するのは、宇宙の真理を仏とみる大日如来である。金剛薩埵《こんごうさった》が南天竺《みなみてんじく》に存在した鉄塔（南天《なんてん》の鉄塔）に入り、大日如来より密教を相承し、それを龍猛《りゅうみょう》菩薩に授け、人間界に伝えられることになったと、伝承は物語っている。

第二祖の金剛薩埵は、現実に存在する人物というよりも、密教を受法する象徴的な祖師だといえる。密教の相承に当たって、つねに授者は大日如来に、受者は金剛薩埵に擬せられるのが伝統になっている。

第三祖の龍猛菩薩と第四祖の龍智菩薩は神話的な人物で、いずれも長寿を保ち、奇跡に満ちた生涯をおくった。

第五祖の金剛智《こんごうち》（Vajrabodhi　六七一―七四一）三蔵はインドに生まれ、中国に渡って、密教を広めた。金剛智以降の祖師は中国の資料に、その業績が記載されているため、歴史上の人物として、その事績をたどることができる。

第六祖の不空《ふくう》（Amoghavajra　七〇五―七七四）三蔵はインドのバラモンの血をひき、幼くして中国に入り、のちに金剛智と出会って、その弟子となり、密教を授けられ、中国に密教を流布するために積極的に活躍した。

第七祖の恵果（七四六―八〇五）和尚は不空から密教の伝授を受け、それを中国に定着させるとともに、その最晩年に、日本より留学してきた空海の素質を認め、そのすべてを伝授した。

（以上、真言密教の祖師の伝記の詳細については、松長有慶『密教　インドから日本への伝承』中公文庫　一九八九年参照。）

現在、真言行者が、伝法灌頂《でんぽうかんじょう》を受け、阿闍梨から密教の法を継承した時、第一祖の大日如来より第八祖の弘法大師・空海と相承し、その後、伝授阿闍梨にいたる詳細な相承系譜が授与され、その伝法の正当性が保証される。密教が言葉や文字に頼ることなく、人によって継承されるのが本来のあり方であることを、相承系譜の重視という点からも窺うことができる。

密教は人が骨格となって、法を伝承することを本義とするのであるから、その人を選ぶことがまず重要な課題となることは言うまでもない。阿闍梨と弟子の資格について、具体的に述べられているのは、『大日経』の具縁品《ぐえんぼん》である。そこにはいわゆる阿闍梨の十三徳といわれる資格が列挙されている。

漢訳とチベット訳では、若干の相違があるが、いづれにしても、菩提心が堅固で知恵にすぐれ、悲の心をもち、人の願いがよく分かり、大小乗に通じ、瑜伽《ゆが》観法に通達し、陀羅尼を身につけ、真理を会得するなどの特性を備えた人物であるとともに、もろもろの技芸に巧みであること、曼荼羅を画く能力をもつことも、阿闍梨の要件とされているのは、密教の師としての資格の特殊性と見てよいであろう。

一方、弟子とすべき人物の条件もここで述べられているが、宗教的な能力に秀で、信仰厚く、理解力にすぐれ、他人のために力を尽くすものが最適だという。このような人物を見かけたならば、積極的に声をかけて、密教の法を授けるべしと説く。阿闍梨に比して、弟子の資格が簡素なこと、適格者には積極的に阿闍梨の方からアプローチする点など、興味深い記述に眼が引かれる。人《にん》を抜きにしては存在しえないという密教の基本的な性格が、そこに端的に現れているとみてよいであろう。

『般若心経』を般若菩薩の悟りの境地とみる『般若心経秘鍵』の主張は、このような密教の特質に由来するのである。

四　密教の包容性

1　対立より融和

『般若心経秘鍵』の第二の特色は、『般若心経』を単に『般若経』の空の思想を説く経典というだけではなく、声聞《しょうもん》・縁覚《えんがく》の小乗から、日本に伝えられた大乗の諸宗派、さらに真言の教えにいたるまで、あらゆる仏教の教えが込められているとみる点である。このような見解も密教の基本的な性格によるものといってよい。

現在の世界に流布している宗教の中で、一神教を奉ずる人々の間では自らの信仰の絶対性を確信し、その教えを広く人々の間に浸透させる事を、神より課せられた自己の使命と信じて、布教活動や社会奉仕に尽力する方が少なくない。

信仰の敷衍に対する使命感にもとづくエネルギーあふれる活動に、敬服することが多いが、一面において、異教徒に対して厳しい。自己の宗教的な心情に忠実のあまり、他の信仰に対して概して非寛容である。現在、世界各地で頻発している異なった宗教間の対立、抗争が一神教を奉ずる人々の間に圧倒的に多いのも、そのためである。

それに対して、天地万物に神を見出す多神教の世界では、自己の奉ずる神以外の存在に対してもきわめて寛容である。インドのヒンズー教、中国の道教、日本の神道といったそれぞれの国の民族宗教では、あえて異教の神を排除しない。仏教は必ずしも多神教というわけではないが、インドに起こり、アジア全体に伝播していく過程において、各地の民俗信仰の神々と融和し、それらを包容していった歴史をもっている。

大乗仏教でも、インド古来の神々や、西アジアからもちこまれた異教の神を取り入れて、仏菩薩に変身させた例もないわけではないが、このような異教の神々の摂取、包容という傾向は密教が最も顕著である。

密教では、たとい異教の神であれ、宗教儀礼であれ、それらを貪欲に取り込み、自家薬籠中のものとして、再生させた例が少なくない。密教の修法において、本尊を供養し、本尊と行者が一体となって瑜伽に入り、さらにそれから出て、本尊を本来の住所、あるいは空間に送り返す儀礼は、インドの人々が日常的に行っている、賓客接待の儀礼になぞらえて構成されたものである。

また密教の護摩《ごま》の修法も、もともとはバラモン教の宗教儀礼であった。バラモンが土壇を築き、その上に神々の座をしつらえ、そこで薪を組み、火を点じ、さまざまな供物を投げ込む。火の煙とともに供物を速やかに天上の神々に届けるという目的をもった儀礼が、護摩であった。

このようなバラモンの儀礼を密教は取り入れたが、そのままではない。護摩の作法に、仏教の教理を当てはめ、あるいは護摩の火によって、自己の煩悩を焼尽させるという意味づけを行なうことによって内面化し、仏教の儀礼に転化させている。換骨奪胎が密教の手法なのである。

異教の神々と対したときにも、同じ方法をとる。インドの人々が、古くから信じ、親しんできたヒンズー教の神々、あるいはバラモン僧が祭式において祀っていた神々を、その素性にこだわることなしに仏教の中に取り入れて、仏教の菩薩、明王、天部の尊に生まれ変わらせる。曼荼羅の仏の中には、インド在来の神々に出自をもつものが少なくない。

仏教が異教と対したとき、相手と対決し、相手を力によってねじ伏せ、征服するという方法をとることはほとんどない。排除することなく、まず相手を自己の傘下におさめ、相手の長所を取り入れ、時間をかけて、それを仏教化する。こういった点は唯一神を絶対的に奉じ、異教の徒を排除するか、さもなければ改宗を迫る宗教とは基本的に違った態度だということができるであろう。

仏教はインドから東南アジア、西域地方、チベット、中国、朝鮮半島、さらに日本と伝播するにあたって、異教徒や各地の民族宗教と対立し、抗争した歴史をほとんどもたない。ただインド仏教の末期、十一世紀から十二世紀にかけて、イスラム教がインド各地の仏教寺院を破壊し、僧たちに刃を突きつけ改宗をせまった。このとき、仏教徒の側も各派が大同団結し、一致協力してイスラム教徒と戦うべしと記された経典が残されている。

日本においても仏教は、在来神との争いを避け平和共存につとめた。神仏習合といわれる宗教形態がそれである。両者の協力関係はさらに発展し、鎌倉以降、民衆に人気のある日本在来の神が、仏教の特定の菩薩の権化として信仰を集めた。このような信仰の形を、本地垂迹《ほんじすいじゃく》という。

仏教と日本の在来神との同化融合は、密教を奉ずる真言宗において、最も顕著である。その真言宗の開祖である空海は、仏教の各宗派に属する人々との交流に際しても同様に、親密な交友関係を続けている。空海は十歳台の後半から、二十歳台にかけての模索の時代に、確実な資料は残されてはいないが、南都諸宗の寺院と何らかの形で関係をもち、奈良の僧侶たちとも交流があったのではないかと予想される。

空海は中国より帰国した後、弘仁年間には、南都仏教の拠点ともいうべき東大寺の別当職に任ぜられ、さらに天長六年（八二九）には大安寺の別当職にも補せられたという伝が残されている。また南都の高僧たちとの交流を示す手紙も少なからず現存する。

弘仁十四年（八二三）、空海は東寺を給与され、そこを真言宗の教学儀礼を専学する寺院とした。空海には真言宗の確立という意図はあったにせよ、南都諸宗をその中から排除することなく、同胞とみなす意識をもっていたのではないかとも考えられる。

2 秘密の眼を開く

密教には意見や信仰を異にするものに対しても、あえてそれと抗争することなく、それらを取り込み、自己と同化させるという特色が顕著に認められる。しかし無条件にあらゆるものを取り入れれば、なんらの秩序をもたぬ単なる雑多な寄せ集めに堕す危険性が大きい。

四世紀ころから、インドにおいて仏教はバラモン教の宗教儀礼やインドの民衆の生活習慣を積極的に取り入れ、またヒンズー教の神々を接取し、密教的な傾向を顕著に示し始める。しかし六世紀ころまでは、インド古代からの伝統儀礼や民俗信仰を摂取することに急で、仏教の独自性はまだ発揮されていない。

学術的には、この時代の密教を、インドの初期密教と呼んでいる。一方、日本の伝統的な真言教学では、それを雑部《ぞうぶ》密教、略して雑密《ぞうみつ》と言い習わしてきた。異質な材料を集め、まず仏教に取り込む。このような雑多な要素が混在する宗教形態は、まさに雑部の名にふさわしい。

インドの初期密教の時代に、仏教に取り入れたバラモン起源の呪法とか儀礼は次第に整備され、数々の密教の儀礼が誕生した。この時代に、個々の尊格に対する供養法や祈願の儀礼に関する経典や儀軌が少なからず作成されてはいるが、内容から見れば、単にバラモン儀礼を借用したものも多く、それらをただちに仏教経典と称する根拠に乏しい。

また一方、この時代には、ヒンズー教の神々を積極的に摂取し、尊の数を飛躍的に増大し、それぞれの尊に陀羅尼や供養法《くようぼう》が規定されるが、それらの諸尊相互の関連を考慮するまでにはいたっていない。経典や儀軌《ぎき》が、内容の上でも仏教化し、パンテオンに取り入れた在来神が曼荼羅として組織化されるまでには、まだしばらくの年月が必要であった。

六世紀までのインド密教は異教の宗教儀礼を大胆に摂取し、民俗信仰の神々を次々に自らのパンテオンに包摂していったが、七世紀になって急激に質的な転換をみせ始めた。この時代に、『大日経《だいにちきょう》』と『金剛頂経《こんごうちょうぎょう》』が成立した。七世紀のインド密教を、中期密教と称し、それ以前の密教と区別する。日本の真言宗の伝統では、前期の雑密に対して、『大日経』と『金剛頂経』の密教を正純密教、略して純密と呼んでいる。

雑と純とを区別する基準はどこに求められるのか。それは第一に仏教の経典としての体裁を整えていること、第二に何らかの意味において組織化せられていることが、その要件として挙げられるであろう。

純密の経典は、外教の呪法や宗教儀礼を取り入れながら、それらの儀礼を大乗仏教の教理によって意味づけ、摂取した儀礼の内面化を図ることによって、仏教の経典として一般に認知される水準にまで内容を充実させた。また宗教儀礼を執行する目的を、従来の現世利益《げんぜりやく》の祈願から、成仏に転換させたのは、『大日経』であり、『金剛頂経』であった。

第二の組織化という点においては、儀礼とパンテオンの両面において著しい。それまで真言と印契《いんげい》はそれぞれ別個の起源をもつが、それに精神集中を意味する三摩地《さんまじ》をセットとして、呪法に精神性を加えて、身口意《しんくい》の三密の瑜伽行《ゆがぎょう》として組織化する。

また諸仏諸菩薩の整理統合の面において、密教はインドの在来神を大量に摂取し、大日如来を中心に、仏教の教理によって、『大日経』では三部、『金剛頂経』では四部のシステムの下に、整理し、組織化して、仏教の仏、菩薩、明王、天として生まれ変わらせる。

以上のような経過を見ても、密教は歴史的に異教と対立や抗争を避け、それらと融合し協調したとはいえ、無批判的に野合したわけではなく、仏教の思想をもってそれらを再生させたと言ってよいであろう。

さまざまな材料を集めて、それらを何らかのシステムをもって体系化するためには、それぞれの材料がもともと備え持つ特質を、まず把握する必要があろう。その特質が表面に現れて、だれの眼にも明らかな場合もあるが、何らかの陰に隠れて見えないことも少なくない。

密教では、現実世界に存在する一切の事物は、それぞれ他に比してかけがえのない価値を持つ存在だとみるのが、基本的な考え方となっている。そのためには、物事の表面だけではなく、その奥底に隠されたそれぞれの価値を見つけ出す目を持つことがまず肝要となる。

われわれは日常生活をする上で、ものごとの表面だけを見て、判断しがちであるが、なにかの機会に、また以前とは違った判断をすることもある。その間にそのものの価値が変動することもあり、あるいは社会的な評価の基準が変わる場合もあろうが、こちらの目が十分行き届かず、見過ごしていることも少なくない。

近代社会においては、価値の劣るものを惜しげもなく捨て去ることによって、科学技術文明を驚異的に発展させた。その結果、あるひとつの判断基準に則って優と劣とを一方的に決定するのを当然とする社会の風潮をかもし出した。

ところが密教では、まったく逆の方向をとる。劣と判断されたものでも、見るほうで別の判断基準を設けることによって、それがかけがえのない価値をもつこともある。

見る側が固定的な基準で一方的に判断を下すことなく、複数のものさしを準備し、一方では劣とみなされようと、他のものさしを幾度か当てることで、優の面を拾い上げる。その優の性格を評価し、それを組織に組み込むことによって、ひとつのシステムを作り上げる。

密教では何者も排除することなく、それぞれの個性の特徴を評価し、それを生かしきる秘密の眼をもつことが要請されるのである。

3　十住心の構成・開題

密教では、ものごとの表面的な解釈を、浅略釈《せんりゃくしゃく》といい、それに対してその本質に迫る理解を、深秘釈《じんぴしゃく》と名づける。『般若心経』に対する空海の解釈はその一例であるが、空海の著作には、通常の理解ではなく、一見判断にとまどうような解釈が示されていることが少なくない。見る側、読む側の体験や理解が深まるにつれて、最初は不思議に思えた解釈が、その中に含まれている真意にはっと気がつき、なるほどと納得するような場合もあるし、あるいはいつまでたっても分かりかねて、首を傾けたままに過ごしてしまうこともないわけではない。

空海の撰述書を読み進むにつれて、その中に隠されている意味に気がついた時、常識をはるかに超えた理解の深さに驚嘆しつつ、グイと引き込まれていく知的な快感をも覚える。

空海の示す深秘釈のうち、よく知られているのは、『般若心経秘鍵』のほかに、『秘密漫荼羅《ひみつまんだら》十住心論《じゅうじゅうしんろん》』（略名『十住心論』）と、各種の開題《かいだい》類がある。いずれも晩年の著作に数えられる書物である。

天長七年（八三〇）淳和天皇の勅命によって、各宗がそれぞれの教義書を提出した時、空海は『十住心論』十巻を撰述し、呈上した。また『秘蔵宝鑰《ひぞうほうやく》』三巻はその略論と目される。人間の心の進化過程を十段階に分け、原初的な心のあり方を第一住心とし、真言密教の究極的な立場を第十住心に当てる。

第一住心を異生羝羊心《いしょうていようしん》と名づけ、食欲と性欲のみによって生きる凡夫の心の状態をさす。異生とは凡夫で、羝羊すなわち雄羊にたとえる。

第二住心の愚童持斎心《ぐどうじさいしん》は、なにかの縁によって、自己中心的な考えを捨て、節食して、他者に与えようとする気を起こす道徳に目覚めた状態。

第三住心の嬰童無畏心《ようどうむいしん》は、道徳心から宗教的な心が芽生え、幼児が母の指示に素直に従うように、昇天によって安らぎを求める心の状態をいう。

第四住心の唯蘊無我心《ゆいうんむがしん》は一切法の存在は認めるが、我《が》は五蘊の仮の和合に過ぎないと否定する声聞乗の心の状態をさす。

第五住心の抜業因種心《ばつごういんしゅしん》は十二因縁を観じ、無明《むみょう》の種子を抜き去り、無師独悟する独覚《どっかく》、すなわち縁覚の心の状態である。

第六住心の他縁大乗心《たえんだいじょうしん》は一切衆生に対して、慈しみの心を起こす大乗の初門に当たり、唯《ゆい》識《しき》の思想と関連し、法相宗の教えに比せられる。

第七住心の覚心不生心《かくしんふしょうしん》は両極端を排し、般若の知恵により諸法の空を悟れば、心の本性《ほんしょう》は空寂で、形なしとの安楽の境地に入る三論宗の教え。

第八住心の如実一道心《にょじついちどうしん》は現象界の一切のものは、認識における主観と客観の区別を超えて一体であり、清浄だと悟る天台宗の教えに当たる。

第九住心の極無自性心《ごくむじしょうしん》は水が本来自性なく、風により波立つに過ぎないように一切のものに自性なしと見る華厳宗の教え。この教えも、究極ではない。

第十住心の秘密荘厳心《ひみつしょうごんしん》は物事の表面的な観察に満足せずに、その本質を見極める真言密教の教え。その秘密の蔵を開けば曼荼羅の諸尊が現れ、あらゆる仏の功徳が実現した世界が展開する。

『十住心論』と『秘蔵宝鑰』は広論と略論との相違で、十種の住心の構成や内容についてはほぼ同じといってよい。形の上の相違は、前書がほとんど経典や論疏の引用からなるに対して、後書は引用文を削り、それぞれの主題を明確に提示して、論述を進める。

内容の上では、『秘蔵宝鑰』は、第一住心から第九住心まで、前の住心を順次に思想的に否定しつつ上昇するが、最高位の第十住心において、論理的な思索を停止し、ただ龍猛菩薩造の『菩提心論』の中の三摩地段を引用し、悟りの境地の間接的な提示にとどめている。第九住心までの理論上の階梯を越えた第十住心の独自性を窺うことができる。

両書の内容上の相違の中で最も注目すべきは、顕教に対して密教をいかに位置づけるかという点である。『秘蔵宝鑰』は第一住心から第九住心までは顕教で、最高位の第十住心のみ密教とみなす。それに対して、『十住心論』は第一住心から第九住心まで、順次に前の住心を否定しつつ上昇し、最高の第十住心にいたる。しかしそれだけにとどまらない。究極の第十住心の立場において、下位の九種の住心を見れば、それらことごとくの住心もまた密教に他ならない、とみる思い切った見解が提示されている。

真言宗の伝統教学では、先の見方を「九顕一密《くけんいちみつ》」といい、後の見方を「九顕十密」という。『十住心論』において示された「九顕十密」の思想は、あらゆるものを一定の秩序のもとに組織化した上で、それぞれが独自にもつ特性を評価し、最終的にはそれらことごとくを、残りなく包摂してしまう最も密教らしい思想の一つといってよいであろう。

また一方、『定本弘法大師全集』第四巻には、空海の撰述になる二十数種の「開題」の名が付された書物が収録されている。開題とは経典の題目を解説する操作を通じて、著者の見解を披瀝する形式の著作である。そのほとんどは法要や葬儀に際して、空海が経典を講じた内容を含んでいるとみなされている。

空海の開題類の中には、『大日経』や『金剛頂経』などの密教経典に対して説かれたものが多いが、中には『仁王経《にんのうきょう》』『法華経《ほけきょう》』『梵網経《ぼんもうきょう》』『最勝王経《さいしょうおうきょう》』といった顕教の経典に関する開題も含まれている。これら顕教の諸経典の題目を、一一取り上げて解説を加えつつ、いずれの経典も、最終的には密教の悟りの境地を示したものとする独自の見解が、これらの開題の中に語られていて興味深い。『般若心経秘鍵』や『十住心論』と基底を同じくする空海の特色ある思想がここにも顕著に現れている。

五　『般若心経』とは

1　『般若経』の類本

『般若経』は大乗仏教を代表する経典として有名であるが、その原型は紀元前後ころにインドで成立していたと考えられている。サンスクリット原典に、小本系と大本系の二種がある。チベット訳、漢訳としても数多くの翻訳が現存する。

小本は『般若心経』の中核的な部分だけの典籍を指し、一方、大本は中核的な部分に序分と流通分を付加している。

小本系に属する『道行《どうぎょう》般若経』の最初の部分が最古の成立と目されるが、その後、七ないし八世紀にわたって増広や改変が繰りかえされ、数多くの『般若経』経典類が出来上がった。

『般若心経』にも小本と大本との二種類のサンスクリット典籍がある。興味深いことに、小本、大本ともにサンスクリットの原本が、貝葉《ばいよう》（棕櫚の葉に書かれた経典）の形で、日本に伝えられ、小本は法隆寺に、大本は大和の長谷寺に保存されてきた。

『般若心経』の漢訳として現存するのは、以下の八訳である。

1 羅什《らじゅう》訳（四〇二―四一二）『摩訶般若波羅蜜大明呪経《まかはんにゃはらみつだいみょうじゅきょう》』
2 玄奘訳（六四九）『般若波羅蜜多心経』
3 義浄《ぎじょう》訳（七〇〇）『仏説般若波羅蜜多心経』
4 法月《ほうがつ》訳（七三八）『普遍智蔵般若波羅蜜多心経』
5 般若等訳（七九〇―八一〇―）『般若波羅蜜多心経』
6 智慧輪《ちえりん》訳（八五〇）『般若波羅蜜多心経』
7 法成《ほうじょう》訳（八五六）『般若波羅蜜多心経』（敦煌本）
8 施護《せご》訳（九八〇）『仏説仏母《ぶつも》般若波羅蜜多心経』

そのうち、3の義浄訳以外の七本は『大正蔵』第八巻に収められている。参考『正蔵』第八巻所収の七種の『般若心経』を、それぞれ延べ書きにして対比させた「類本比較表」は、福田亮成が作成して、解説書『〈弘法大師に聞く〉シリーズ1』（本書一五頁　3解説書　A11参照）の付録として添付している。

以上の八本のほか支謙《しけん》訳、菩提流志《ぼだいるし》訳、実叉難陀《じっしゃなんだ》訳の三訳も存在したとの記録もあるが、いずれも現存しない。現存する八本のうち羅什訳と玄奘訳は小本系、他の六本は大本系に属している。

空海は『般若心経秘鍵』の中で、これら八訳のうち一から五までの五種の漢訳を取り上げる。

第六から第八までの三訳については、翻訳年代からみて言及せられていないのも当然のことである。

第三の義浄訳については、問題が残されている。この義浄訳と玄奘訳を比べると、ほとんど変わりがない。義浄訳では、「五蘊」の次に「等」の一字が加わり、「遠離」の下の「一切」の二字がなく、最後の呪が漢字ではなく、悉曇文字になっていること、最後に若干の功徳文が付されている点が相違する。その他は玄奘訳とまったく同一である。これらの点から、義浄訳は何人かが玄奘訳にほんのわずかに手を加えて、出来上がったものと考えられている。そのため『大正蔵』では、義浄訳を除外したのであろう。

『般若心経』の諸本の詳細な対比研究は、

榛葉元水『般若心経異本大成』昭和七年（昭和五十二年復刊）

白石真道『白石真道仏教学論文集』一九八八年（本書一六頁　3解説書　B2参照）

に詳しい。

次に『般若心経』と『般若経』との関係について考察を進めよう。『般若経』経典群の中で最も短い『般若心経』は、一般には膨大な量をもつ『大般若経』の肝要を略出した経典とみなすのが通説となっている。内容の上から見れば、『般若心経』の原型は、羅什訳の『摩訶般若波羅蜜経』（一名『大品《だいぼん》般若経』）「修応品《しゅおうぼん》」第三（第一巻）などと、それに相応する玄奘訳の『大般若波羅蜜多経』第二会第二分「観照品」第三の二（第四〇三巻）などに見出すことができる。なかでも羅什訳の『摩訶般若波羅蜜経』が、玄奘訳の『大般若波羅蜜多経』に比して、より『般若心経』の内容に近い。

以上の点を踏まえて、勝又俊教は現行流通の玄奘訳の『般若心経』に羅什訳の『般若心経』を補充した経文を上段に配し、下段に羅什訳の『摩訶般若波羅蜜経』の「習応品」第三、「集散品」第九、「随喜品」第三十九、「嘆度品」第五、「序品」第一、「舎利品」第三十七、「発趣《ほっしゅ》品《ぼん》」第二十、「無生品」第二十六、「勧持品」第三十四、さらに呪の部分は『陀羅尼集経《じっきょう》』第三、『般若波羅蜜多大心経』などと対置させて、『般若心経』と『大般若経』との対照をはかった（勝又俊教『仏典講座』32　三四四―三四七頁、本書一四頁　3解説書　A7参照）。

その結果、「『大品般若経』「習応品」第三の「舎利弗色空故無悩壊相」以上の文が骨子となって、その初めに「観自在菩薩……度一切苦厄」の句を添加し、最後に無生品、観持品などの句を取意し、最後に『陀羅尼集経』の呪頌を付加して、『般若心経』が成立していることを知るのである。故に『般若心経』は『大品般若経』の精要を抜抄して整備したものと考えてよいであろう」と結論付けている。

『般若経』の類本の諸経典と対比研究した結果、文字の構成の上では、『般若心経』は『大品般若経』を初めとする『大般若経』の要約とみなしてよい。中国あるいは日本で著わされた

『般若心経』のほとんどの注釈類が、この立場を踏まえて書かれている。ただそのような理解とはまた違った受容のされ方が、この経典にはあったことも事実である。

2　呪文が主体

現在一般の方は、『般若心経』を、大乗仏教の代表経典である『般若経』の空の思想の精髄を説く経典と考えている。しかし空海は『般若心経秘鍵』の中で、「龍と蛇とは、その鱗が同じように見えるが、龍と蛇とは違う」との喩えを挙げて、『般若心経』の心髄は、大心呪にあり、と喝破している。その点について、もう少し詳しく調べてみよう。

『般若心経』のサンスクリットのテクストを検討してみると、面白いことが分かる。現行の『般若心経』の漢訳のはじめに、「度一切苦厄」の語がある。ところがこの言葉はサンスクリットの原典には見当たらない。おそらく玄奘が翻訳する際に、原文にないこの言葉を挿入したのではないかと考えられている。唐代に『般若心経』は除災の機能をもって流行していた、その片鱗がここに現れたとみてよいであろう。

またサンスクリットテクストの最後は、iti prajñāpāramitā-hṛdayaṃ（以上、般若波羅蜜多の呪文が終わる）の文でおしまいになる。いかなるサンスクリットのテクストでも、そこに通常の経典の場合のように経 sūtra の語がついていない。このことから『般若心経』は、もともと経典として一般に認知されていなかったと考えられる。

もともと「般若波羅蜜多の呪」として信仰されていた呪文を、「経」という語を付加して訳したのは、玄奘であった。それ以前の漢訳には、「経」の文字は見当たらない。「般若波羅蜜多の呪」と訳されてきた呪文が、『般若心経』と漢訳されたために、経典としての権威はそなわったものの、思想的な解釈が優先するようになり、大乗仏教の「空」の思想を簡潔に説いた経典として注目され、哲学的な考察が推し進められたと考えられるのである。その結果、一方の呪文としての機能は忘れ去られたとみてよいであろう。

一般になにかの物体があって、それに付加的な物がつく場合、本体が中心で、付録の部分は、おまけと考える。『般若心経』についても、一切皆空を説く本体の部分がメインで、最後の呪文はおまけのように、通常は受け取られている。

私たちが子供のころ、親にねだって少年雑誌を買ってもらったことがある。しかしせっかく買ってもらった雑誌はなかも見ずに横に投げ置いて、付録のおもちゃのほうに夢中になった記憶を、たいていの人はもっているにちがいない。

『般若心経』の場合もこれに近いかもしれない。本体は一切皆空を説く基幹の経文であろう。『大品般若経』などから、要点を選び出して、編集し、『般若心経』が出来上がる。ところが大乗仏教の経典の中でもとくに読み、書き、聴講することに利益が大きいと信じられてきた『般若経』の抜粋であるから、こういった現世利益の功徳も、『般若心経』は甚深であるに違いないと、人々に信じられてきた。

一般の仏教徒は『般若心経』について、その内容の思想的な意味の理解に、関心を示すことがほとんどなかった。それよりもこの経典を、効験のあらたかな呪文として読誦し、書写し、受持することに熱中してきた歴史をもっている。

『般若心経』の文献学的な研究に従事して、緻密な業績を残している福井文雅著の大冊『般若心経の歴史的研究』（春秋社　一八八七年）およびその増補改定版ともいうべき『般若心経の総合的研究―歴史・社会・資料―』（春秋社　二〇〇〇年）は、呪経としての『般若心経』について、注目すべき見解を数多く披瀝している。以下に、その一部分を紹介しつつ、論を進めていこう。

『般若心経』の名を省略して、われわれは『心経』とよぶことが多い。だがこのような略称は、ずっと昔から一般的であったとは必ずしも言いえない。唐代では専ら『般若多心経』あるいは『多心経』という略称で通用していた。敦煌で発見された『般若心経』の写本約一八〇点のうちの約九〇点、ほぼ半数の文献に、「多心経」系の略称が見出される。それに反して、「心経」という略称は皆無に近く、一〇世紀以降の写本にそれが広く用いられているという。敦煌文書だけではなく、中央で七世紀に成立した経録『大唐内典録』『衆経目録』『大周刊定衆経目録』などにも、「般若多心経」の名が記載されている。

一方、日本においても、上代では同じような事例が見出される。正倉院文書の写経目録のなかにも、「多心経」の名をもつ写本が数多く存在することが報告されている。さらにまた、世界最古のサンスクリット写本と目されている法隆寺蔵の『般若心経』の貝葉《ばいよう》の中に、「多心経」という書き込みがある。これもまた唐の時代の趨勢を映し出したと考えられる。空海の「済恩寺願文」(『拾遺雑集』所収、弘仁九年)にも「多心経」の記載が存在する(『定弘』第七巻一九七頁)。以上の例から、唐代には中国およびその周辺地域で、広く『般若心経』の略称として、「心経」ではなく、「多心経」の名称が用いられていたと見做してよい。

「心経」と略称する場合は、『般若経』の肝要を説く経と考えられやすい。だが「多心経」という語には、「般若波羅蜜多」の「呪経」の意味が多分に込められている。

空海が『般若心経』の「心」を般若波羅蜜多の呪と理解したことは、独自の解釈というよりも、八世紀には底流として存在した解釈であったと言うこともできる。しかし当時の一般の仏教界においては、むしろ『般若心経』を哲学的に捉える傾向が根強く存在していたことも、十分予想されるところであった。

3 『般若心経』の所属

『般若心経』は般若の空の義を説く経典とみる通常の解釈によれば、顕教の経典であることに問題はない。一方、それを般若菩薩の悟りの境界を明かし、呪文を主体とする経典とみるならば、密教の経典となる。『般若心経』が顕教の経典なのか、それとも密教の経典なのか、またそれが密教の経典であるならば、純密に属すと見てよいのか、それとも雑密の経典と見做すのか、等々の問題について、真言教学の伝統説では、いろいろ議論が重ねられてきた。

室町時代、高野山教学の大成者と目される宥快の『宗義決択集《しゅうぎけっちゃくしゅう》』巻第十七（『真全』第十九巻 三九一―三九四頁）等によって、その問答の一端を窺ってみよう。

まずこの経典を、顕教とみる見解からの質問事項をあげる。難者は、弘法大師の考えでは、法身仏の直接の説法が密教であり、生身の仏の所説を顕教とすることは明らかである。しかしながら『般若心経』は生身の釈迦の説いたものである。どうしてそれを密教の経典というのか、と詰め寄り、十か条の質問をかかげる。

1 この経典の説処は生身の釈迦の説法をした鷲峰山《じゅぶせん》である。
2 説法の相手である対告衆《たいごうしゅう》は生身の釈迦の眷属である。
3 五蘊皆空の思想を説く。

4 ただ真言を説くだけで、三密を具足しない。
5 三分と二序がない。
6 二十余の注釈書では、皆『大般若経』の肝要と見做している。
7 高祖の『大般若経開題』に、当経を大般若の略説とみている。
8 当書の大意序の問答に、般若は第二未了の教と述べられている。
9 顕密二教等の問答釈に、問答ともに顕教とする。
10 顕密は人にありとの御釈は強引な見解ではないか。

以上の問いに対して、答者はそれを密教の経典と見做すいくつかの論拠を挙げて、質問者を論破する。

1 鷲峰山は必ずしも生身の釈迦の浄土に限らない。変化法身の身土は虚空に遍満している。
2 舎利弗は必ずしも生身の釈迦の弟子というだけではなく、内証秘密の境地にあっては、曼荼羅の第三重において、法身釈迦の眷属である。
3 五蘊皆空の理も秘密では真空であり、経の文字だけで判断できない。
4 密教の経典でも、真言だけで、印契、観想を説かぬ経典もある。
5 羅什、玄奘の訳には、序分と流通分がないが、法月、般若、智慧輪などによる異訳の経典では、三分がそろっている。

6　二十人余の顕教の注釈家たちは皆当経が密教経典であることを相承していないので、知らなかっただけである。
7　『大般若経開題』は顕教家に対する一応の釈で、高祖の本来の真意でない。
8　問いは法相の意により第二未了の教とするが、その答えでは秘密の意味をもって密経としている。
9　問いは顕教家の情に準じて、顕経とするが、答えではこれも密経だとの見解を出している。
10　顕密は人にありの釈も、総じて顕密に重重あることを示したので、必ずしも当経について、顕であるものを強いて密とする釈ではない。

これらの問答によって、真言宗の伝統的な教学において、『般若心経』を顕教の経典と見るか、祖師の見解に倣って、密教の経典と見做すか、さまざまな疑問を並べ立て、それに答える形で決着を図るという論議の進め方の一端を垣間見ることができよう。なかには必ずしも問いと答えとがかみ合っているとは思えない議論も含まれているが、全体的に祖師の斬新な見解を祖述する役目を果たしているとみてよいであろう。

次に『般若心経』が密教の経典であると認めるならば、それは雑密の経典であるのか、それとも純密の経典であるのか、という疑問がおこる。空海は弘仁十四年（八二三）真言宗徒が学習すべき経典などの目録ともいうべき『真言宗所学経律論目録』（略名『三学録』）を上進した。

その中の経典の部では、すべての経典と儀軌《ぎき》（密教の修法の次第を記した書）を、金剛頂宗経と、胎蔵宗経と、雑部《ぞうぶ》真言経等に三分して整理している。先の二者は純密で、雑部真言経等は雑密にあたる。真言宗の教学では、爾来、経典をすべてこれら三種の区分法で、仕分ける伝統をもつようになった。では『般若心経』はいずれに属するのであろうか。

金剛頂宗と胎蔵宗の両部の経典は、法身である大日如来が自身より流出した眷属に対して、自らの楽しみ（自受法楽《じじゅほうらく》）のために説いた経典である。それに対して雑部の経典は、法身がより具体的な姿に変えた、他受用《たじゅゆう》ないし変化《へんげ》あるいは等流《とうる》などの随他の三身が、特定の人たちに対し、何らかの具体的な目的を達成するために説いたものである。このような区別からすれば、『般若心経』は雑部の経典に位置づけられる。

ところが『般若心経秘鍵』の中に、「この尊の真言儀軌観法は仏金剛頂の中に説きたまえり」と記されているから、この経は金剛頂部だとの主張もあり、また『般若心経』は般若菩薩の悟りの境地とされるが、その般若菩薩は胎蔵曼荼羅の一院の主尊であるから、胎蔵部に属すともいう。真言宗の伝統教学では、以上のような議論がきわめて詳細に、延々と続く。ここでこれらの論議を逐次紹介するのは本意ではない。その一端は、長谷宝秀『十巻章玄談』の中の『般若心経秘鍵』の解説にまとめて紹介されているので、興味のある方はそちらを参照していただきたい。

六　『般若心経秘鍵』の著作

1　生涯の思想変遷

一般的にみて、ある一人の人物が生涯の間に、その人のもつ人生観や主義主張を変化させることは決して珍しいことではない。その人を取り巻く社会環境が変化することもあるし、自身が年とともに思索内容を深めていくこともあろう。あるいはなにかの契機によって思想を大きく転換することもよくあることである。

空海の場合、従来その生涯における思想の変化については、それほど関心がもたれていなかった。宗教的な聖者と崇められる人物の場合、その著作がいずれの時期に書かれたものかということが、それほど意識されずに思想そのものだけが論議されるのが一般的であるともいえる。聖者は悟りの境地から説くため、生涯の間、その思想は不変と信じられてきたためであろうか。

しかしながら空海についての歴史研究と思想研究が進展するにつれて、最近では空海の生涯においてその思想に幾多の変遷があることがいろいろな面で明らかにされるようになった。この点についての特徴的な成果を次に何点か紹介してみよう。

空海が二十四歳の時に書いた『聾瞽指帰《ろうこしいき》』一巻は『三教指帰《さんごうしいき》』三巻と比べて、ほぼ同文であるが、その序文および巻末の「十韻の詩」だけが異なる。従来これら二つの書の関係は、前書が草稿本で、後書は校訂を加えた完成本であると見做されてきた。

ところが最近、『三教指帰』は、空海が中国より帰国したのち、『聾瞽指帰』に手を加えて完成したと考えられるようになった（加地伸行「空海と中国思想と―『指帰』両序をめぐって―」『中国思想からみた日本思想史研究』吉川弘文館　一九八五年　六九―九六頁）。

その理由として挙げられるのは次の点である。すなわち『聾瞽指帰』の序文における儒教、道教、仏教の三教の対比が鋭角的な批判であるに対して、『三教指帰』の叙述が三教の協調関係に変化している。このことは中国において唐代に三教の論難から三教の調和に変化した時代の潮流の変化を、留学した空海が把握して帰り、この点を修正したと考えられること。および中国の文学史上の変化で、『聾瞽指帰』の序文が壮麗な四六駢儷体《しろくべんれいたい》であるに対して、『三教指帰』の序文は平明簡潔な文に変わっていることは、これも当時の中国における文章の流行の変化を、空海が受けて変更したと見做すのである。

次に空海の特徴的な思想として四恩がある。空海の四恩説は一般に、父母、国王、衆生、三宝の四種を対象とする恩をさし、それは般若訳の『大乗本生心地観経《だいじょうほんしょうしんちかんぎょう》』に典拠があると考えられてきた。空海の著作中に四恩の語はしばしば現れる。しかしその内容を明らかにしたものは、「梵網経表白《ひょうひゃく》」（『性霊集』巻八）と「四恩表白」（『性霊集』巻八、および『教王経開題』）の二種にすぎない。

この内容の明確な二種の文を含めて、その著作中に、四恩という言葉を見出すのは二十四か所に及ぶ。だが内容が明記されていないその他の二十二か所の四恩は、父母をはじめとして自分が恩を受けた存在を漠然と意味して用いられていたと考えられる。このように特定の人物を指すことなしに、漠然と恩ある存在全体を指す四恩の用例は、中国では唐代、日本では上代から平安時代にかけて一般的であった。

『大乗本生心地観経』が般若によって漢訳されたのは、空海の帰国後であり、当然空海の『御請来目録』には存在しない。この経典は天長二年（八二五）ころの将来とされる。このころ新しく日本にもたらされたこの経典を空海が見て、四恩の内容を具体的に説き明かしたに違いない。具体的な内容を伴った四恩を空海が説くのが「梵網経表白」と「四恩表白」に限られるのは、この間の事情によるものである。以上の点から従来は父母、国王、衆生、三宝が空海に最も特徴的な四恩説と常識化して捉えられているが、空海にとっては、それは根幹となる思想ではなかったと見てよいであろう（「四恩説の再検討」『松長有慶著作集』第三巻　法蔵館　一九九八年　一二三―一三七頁）。

その他　空海の諸種の「開題」（経典の題名を取り上げ、それに独自の解釈を加えた論書）を検討した結果、空海の教学を考える上でキーワードとなるような重要な言葉の内容が、時代によって変化していることが明らかにされている（村上保壽『空海のことばの世界』東方出版　二〇〇三年）。次にその要点だけを簡単に紹介してみよう。

空海にとって『金剛頂経』系の五部の思想は、曼荼羅の諸尊理解のうえで必要な概念で、早くから意識されていたが、『大日経』系の三部（仏、蓮華、金剛）の概念に注目したのは、『大日経開題』の「衆生狂迷本」著作以後、天長年間以降のことである。

また『金剛頂経開題』と『真実経文句』との間に、「一切如来」の解釈に相違があることを見出し、五仏をそれぞれの仏が相互に具えていると見る理念的な仏から、一つの智を表象する実践的な五智如来へと展開するのは、天長の末以降とみる。

その他、法身の概念、加持の意味などが空海の生涯において、ある時期を境にして、大きく転換していること、さらに空海が真言宗という一宗を意識し始めた時期など、興味ある問題がいくつか指摘されている。

これらの最近の研究成果をたどると、空海の思想が生涯にわたって、固定的なものではなく、年の経過とともに変化していることが了解せられるのである。

2　著作年代

『般若心経秘鍵』の著作年代は、その書物には記されていない。したがってその年代を探るには、撰述年代のはっきりした空海の他の著作や、空海の思想上の展開を視野に入れながら、その時期を推定する方法をとらざるをえない。

空海の思想が生涯において、幾たびかの変遷を経ている点について、前節において、いくつかの例を挙げて紹介した。次にこれら個々の問題を超えて、空海の思想の展開を巨視的な観点から眺めると、その潮流に大きな変化があることに気がつく。

第一期…帰国した大同元年（八〇六）からほぼ十年、弘仁期前半まで。新しく将来した密教が、それまでの仏教すなわち顕教に対して、どのような特色をもち、機能の上でどれほどすぐれた効力をもつかを中心に述べ、密教が顕教とは次元を異にする深遠な教えであることを強調する。『御請来目録』、『弁顕密二教論』などの著作が該当する。

第二期…弘仁期の後半、高野山の開創（八一六年）のころから天長のごく初期までのほぼ十年間。密教が社会的に認知されたのち、さらに一歩進めて、密教の理論的な構築を図り、その特質について積極的に宣布活動を展開する。『即身成仏義』『声字実相義』『吽字義』など密教教理に関する著作の大部分と、『文鏡秘府論《ぶんきょうひふろん》』『文筆眼心抄《ぶんぴつがんじんしょう》』などの文芸関係の書物がこの時期に撰述されている。

第三期…天長期から承和二年（八三五）までのほぼ十年間。森羅万象あらゆる事物にそれぞれ存在意義を認め、高次元の密教の立場から、顕教をことごとくそれぞれの独自性を失うことなく密教の中に包括し、総合化する思想を展開する。密教経典はもちろんのこと、『法華経』や『最勝王経』などの顕教経典もまた、密教眼から見れば、密教経典に他ならないと説く諸種の『開題』類、さらには凡夫の生きざまから大乗仏教の諸宗の教えにいたるまですべてを段階づけて包み込む『十住心論』『秘蔵宝鑰』などを、この時期の代表的な著作としてあげることができる。

第一期の著作は、密教の独自性の主張に理論的な根拠を与え、それを鮮明に打ち出して、朝廷や仏教諸宗の学匠に同意を得る必要があったのであろう。新しく将来した密教経典をその典拠として掲げたものが多い。

第二期の著作も同様に、密教経典および従来一般に流布していた論書をも含め、それぞれを権威として再三にわたって引用し、独自の論を構成している。

第三期になると、密教の卓越性を経典や論書を借りて証明する必要がほとんどなくなったため、引用文は極力抑えられるようになる。ただこの時期に著わされた『十住心論』はほとんど全文が引用の経論で埋められている。しかしこれはそれぞれの住心の内容を、それぞれに該当する諸宗の代表経典や論書を用いて説明する意図があって引用されたものであり、第一期ないし第二期のように密教の理論構築に必要なために引かれたものではない。『十住心論』十巻の内容を簡略化してコンパクトにまとめた『秘蔵宝鑰』三巻では、引用文をほとんど省略している。

空海の思想の転換を三種ではなく、四種に分ける見解もある（羽毛田義人「真言秘密瑜伽」『現代密教講座』第四巻　大東出版社　一九七五年所収　一七九―一八〇頁）。すなわち第四の区分として次のように述べられている。「最後に、思弁・読経の実り少なきことを指摘し、思弁的世界、形式的誦経の世界から秘密瑜伽実践への回帰を勧め、秘密瑜伽実践の優位性の立場を示した」。

確かに空海の最後期の著作は言葉を連ねるよりも、瑜伽の世界を間接的に披瀝する傾向に進む。たとえば『秘蔵宝鑰』では、第九住心までの緻密な理論構成の展開に変わって、第十住心に入ると、一転して『菩提心論』の中の秘密瑜伽の境地を間接的に示す文を引用するだけで、煩瑣な理論展開はその姿を消してしまっている。その他にも瑜伽の境地の究極性を象徴的に叙述する内容をもった著作は少なくない。しかしこのような傾向は第二期の著作にも散見せられるところから、強いて別立する必要がないように思われる。

以上のような考察から、『般若心経秘鍵』の著作年代を推定すると、それを空海の最晩年の作とする見解がもっとも妥当であろう。あらゆる顕教を密教に包摂する観点を積極的に示す点、および一切の経典の引用を廃し、独特の『般若心経』観を打ち出す点、さらには『般若心経秘鍵』の中に『十住心論』において説明する「唯蘊無我《ゆいうんむが》」と「抜業因種《ばつごういんしゅ》」という空海独自の用語をなんらの解説もなく使っているところから、天長七年ころに撰述された『十住心論』以後の著作と見做される点などが、その理由である。

『般若心経秘鍵』の撰述年代を、それ以上詳しく確かめる資料は現在のところ存在しない。ただ古くから、それを承和元年（八三四）とする見解が伝えられている。その伝承のもとは、済暹の『般若心経秘鍵開門訣』にあり、そこでは、空海がこの書を東大寺の南院で作成し、それを弟子の道昌に講じさせた、と記されているが、その年代については触れられていない。この記述を受けて、十三世紀前半の行遍の『弘法大師行化記《ぎょうけき》』では、それを承和元年仲春の月のことと記している。

これらの記述が典拠となり『般若心経秘鍵』の撰述を承和元年とする伝承が真言宗の中にもたらされた。この説にそれほど確たる証拠はないが、内容から検討して、それが空海の最後期に位置することは疑いないという理由から、現在、承和元年の撰述説を支持する意見が少なくない。

3　上表文

「入唐沙門空海上表」と末尾に記された百字あまりの「上表文《じょうひょうぶん》」が最後尾に付せられている。それはおよそ次のような内容をもつ。

「弘仁九年（八一八）に大疫があった。帝すなわち嵯峨天皇がご心配になり、自ら筆をとって、紺紙に金泥でもって『般若心経』一巻を書写された。予すなわち空海は『般若心経』の講読の役を仰せつかり、この経典の内容をまとめあげて講じた。まだその講賛の結願の言葉を述べない前に、病人が全快して街にあふれ、さらに夜に太陽が赫々と照る異変も起きた。このような奇跡が起きたのは、決して私の戒を保つ徳行のせいではなく、ひとえに天皇のご信仰の功徳によるものである。今後、神の社に参詣する人は、この『秘鍵』を読誦し奉るがよい。釈尊ご在世の時、私は鷲峰山での説法の場に居合わせて、まのあたりにこの深い意味をもつ経文を聞くことができた。読誦の功徳は必ず現れるに違いない」。

この上表文の内容に信を置くとすれば、天下の大疫が弘仁九年におこり、その病を鎮めるために『般若心経秘鍵』が著わされ、講賛されたことになる。『般若心経秘鍵』の著作年代はこれで確定する。ところがこの上表文の記述だけではなく、その存在すら、古くから疑問視されてきた。

『般若心経秘鍵』に関する古い時代の注釈書である済暹の『般若心経秘鍵開門訣』とか、覚鑁の『般若心経秘鍵略注』には、この上表文が付いていない。またその撰述年代についても不問に付している。ところが鎌倉時代以降に書かれた注釈書には、この上表文は付加されてはいないけれども、奥書にありと記され、それに基づいて撰述の動機や年代にも触れられている。道範の『般若心経秘鍵開宝鈔』、頼瑜の『般若心経秘鍵開蔵鈔』、杲宝の『般若心経秘鍵聞書』などがそれである。

その後、この上表文の信憑性について、真正面から疑義を呈したのは、江戸中期の学僧、三等（一六七八―一七四六）である。かれはその著『般若心経秘鍵蛇鱗記』において、七非を挙げてそれが偽作であると主張している（『続真』第二十巻　三三二頁）。すなわち（以下は要約）、

1　文章が表の体をなさないのに、上表という。

2　「経旨之宗を綴る」という文は意味不明である。また「未だ功をおえず、未だ結願の詞を吐かず」という表現は野卑である。

3　「蘇生の族」と「日光赫々」とは文が続かない。

4　「余の智力に非ず」というべきに、なぜ「戒徳に非ず」というのか。

5　その功徳は『般若心経』書写の功徳であるのに、なぜその疏である『般若心経秘鍵』を読むことを勧めるのか。

6　この表文の意と、本文中に書かれている「余　童を教えるついでにこの書を撰した」という内容が齟齬するのではないか。
7　この上表文の最後に、「豈…………而已」とあるが、通常では「豈」の後に付くのは、「哉か乎か耶」でなければならない。この文章は凡手によるものといわざるをえない、となかなか手厳しい。

確かにこの上表文は空海の真撰と見做されている他の文章と比べると、拙劣な表現と空虚な内容に満ち、一目で真撰ではないことが分かる。三等が挙げた七非のうち、1、2、3、4、7は文章に関する非難で、これらをひとまず措くとして、5と6の疑念は当を得た疑問といえるであろう。

5の疑問は尤もである。『般若心経』を受持し、書写し、講賛し、読誦する功徳が甚深であることは、人々によく知られている。それがために天皇も自ら筆をとったのであるのに、『般若心経秘鍵』を勧めるのは、すり替えというほかはない。

6の疑問は今までしばしば取り上げられてきた。『般若心経秘鍵』の本文中に、「余童を教うるの次でに聊か綱要を撮ってかの五分を釈す」とある。これが本書の執筆の動機であるとみてよい。とすれば、上表文に書かれている内容と符合しない。

三等が挙げた七非以外にも、いくつかの疑点がある。栂尾祥雲は弘仁九年に、大疫があったということが、国の正史の中になんらの記載がないという点をあげる。さらにまた嵯峨天皇が厄難消除のために書写した『般若心経』は現在、勅封心経として、嵯峨の大覚寺に秘蔵せられている。それは事実に違いないが、そのことと『秘鍵』に付された上表文とは関係がない。嵯峨大覚寺の勅封心経は、紺綾織の絹地に金泥でもって書かれているが、上表文に記載されているのは紺紙であって、同一ではないという（『現代語の十巻章と解説』六八頁）。

以上のさまざまな理由でもって、この上表文が空海の関知せぬところで付加されたことは疑いの余地がない。それではこの上表文を、だれが、いつごろ偽作したのかを考える上で、若干の伝承が伝えられている。その一つは、この上表文はもと比叡山の文殊楼に保管されていたが、真言宗の長者であった観賢が護法神を使って入手したとか、あるいはまた寛朝が大師の十号を奏上したとき、比叡山の座主であった延昌が同席しており、叡山に秘蔵されてきたこの上表文を、高野山に贈ったともいわれる。このことは式部太夫敦光の記にありと伝えられる。

第三の伝えは、比叡山の仲胤が感得したという。頼瑜の『開蔵鈔』と杲宝の『聞書』に記されている。観賢、寛朝は九世紀、仲胤は十二世紀の人物であるから、このうちいずれかの時代に出来上がった伝承であろう。いずれにしても比叡山と密接に関係していることは確かである。

七　『般若心経秘鍵』の構成

仏教経典の注釈書では、序分、正宗分《しょうしゅうぶん》、流通分《るづうぶん》の三種に分ける方法が一般的である。『般若心経秘鍵』でも、この分類法によってその理解が進められている。

序分は一般の著書や論文の序文に相当し、その著作や論文の全体像を示す。正宗分は通常の本文にあたる。流通分は著述や論の作成によってもたらされる成果や功徳を明かす。

1　序分

「般若心経秘鍵　并序　遍照金剛撰」との題号と作者名の表示の後に、序分として二種の偈頌（韻文）の提示がある。第一の偈頌は帰敬序《ききょうじょ》、第二の偈頌は発起序《ほっきじょ》といわれる（『定弘』第三巻　三頁）。

帰敬序は『般若心経』に関係の深い文殊菩薩と般若菩薩に対して、帰命し、崇敬する気持ちを表現する。

発起序は『般若心経秘鍵』を著作するに際し、諸仏菩薩の助力を願う偈頌である。

続いて長行《じょうぎょう》（散文）に変わって大綱序、「夫仏法」（三頁六行）から「大綱在此乎」（四頁一行）まで。著作の動機の全体像。

次に大意序、「大般若波羅蜜多心経者」（二行）から「不足」（四行）までは、『般若心経』の大体の骨組み。また「観在薩埵」（四行）から「無極」（九行）までは、句々の深い意味。「是故」（九行）から「可然」（十一行）までは、この経典の利益を説く。

次に造論の目的。「余教童之次」（十一行）より「如後釈」（五頁一行）までは、『般若心経秘鍵』を書く目的を簡単に記し、その目的について疑問視する人々のおこすであろう疑問と、それに対する答えを記す（六頁一行―六行）。ここでは著作目的をさらに敷衍して述べる。

2　正宗分

正宗分は『般若心経秘鍵』の全体像を提示することから始まる。

まず経典の題号について説明する（五頁七行―六頁四行の「是喩」まで）。

次いで『般若心経』の要旨が示される。「此三摩地門」（四行）から「蛇鱗」（七頁一行）までで、ここでは、この経典を、誰が、何処で、誰に対して説いたか、また翻訳の種類、この経典が顕教に入るのか、それとも密教経典なのか、という三つの問題について論議せられる。

次に『般若心経』を五つの部分に分け、五分それぞれが経典のどこからどこまでに相当するかを示す。「此経総有五分」（一行）から「是也」（四行）までで全体を五分科する。

五分科とは、第一　人法総通分《にんぼうそうつうぶん》（四行―九行）、第二　分別諸乗分《ふんべつしょじょうぶん》（十行―九頁十行）、第三　行人得益分《ぎょうにんとくやくぶん》（十一行―十頁四行）、第四　総帰持明分《そうきじみょうぶん》（五行―九行）、第五　秘蔵真言分《ひぞうしんごんぶん》（十行―十一頁五行）で、この五分に、仏教全体を包括する。

次いで正宗分の内容についての問答（六行―十二頁五行）があり、結論が示される。

3　流通分

最後に流通分として、二つの偈頌が示される（五行―八行）。迷える人々が無明の闇を破って、悟りへの道に立ちふさがる魔物どもを打ち破り、速やかに悟りの境に入ってほしいとの『般若心経秘鍵』を執筆した願いを記して締めくくっている。その後に、「般若心経秘鍵」と題名を記して終わる。

現型の『般若心経秘鍵』には、いわゆる「上表文」が付されているが、前述のように、この文はもともとつけられてはいなかった。

第II部
本文解説

『般若心経秘鍵』の底本は、『定本弘法大師全集』第三巻を用いた。

その頁数は横書き算用数字で記した。読みにおいて、底本の旧漢字は新漢字に変えた。

原文も掲げているので、必要に応じて参照を乞う。

『定本弘法大師全集』に四声点が付されていないため、清濁音は、中川善教編著『漢和対照十巻章』(高野山出版社　一九七七年)による。

送り仮名は底本によったが、修正を加えた場合は注記した。

底本に付された送り仮名のうち、旧仮名遣いは新仮名遣いに変えた。

読みにおいて、必ずしも漢字で表記しないでよいと考えられる文字、たとえば、之、也、而、為、若などは仮名書きに改めた。

一　序

1　題目

般若心経秘鍵　幷レタリ序　遍照金剛撰

「(p.3) 般若心経秘鍵《はんにゃしんぎょうひけん》　序《しょ》を并《あわ》せたり　遍照金剛《へんじょうこんごう》　撰」

【語釈】

〈般若心経秘鍵〉　この題目について古来二通りの解釈がある。その一は「般若心経の秘の鍵」つまり「般若心経の深旨を理解する鍵」の意味に受け取る。その二は「般若心経の秘鍵」つまり「般若心経について理解する秘密の鍵」の意味に捉える。前者は真言宗の古義において、後者は真言宗の新義において採用される。

〈序を并せたり〉　本文に序を一緒に添える。

〈遍照金剛〉　空海が師の恵果から、灌頂を受けたときに授かった名前。

2　帰敬序

文殊ノ利劒ハ絶ツ二諸戯一ヲ。　覺母ノ梵文ハ調御ノ師ナリ。

𑖠𑖱𑖾𑖦𑖽ノ真言ヲ為ス二種子一ト。　含二蔵セル諸教一ヲ陀羅尼ナリ。

「文殊の利剣は諸戯《しょけ》を絶つ。覚母《かくも》の梵文《ぼんもん》は調御《じょうご》の師なり。𑖠𑖱𑖾《ヂク》・𑖦𑖽《マン》の真言を種子とす。諸教を含蔵せる陀羅尼なり」

【語釈】

〈文殊〉文殊師利（mañjuśrī）を省略した一般的な呼び名。

〈利剣〉文殊の三昧耶形。

〈諸戯〉戯論《けろん》（一異、断常、生滅、去来などどちらか一方に偏った考え）、一般に悟りにいたるのに障害となる空虚な考え方のこと。

〈覚母〉般若の覚りの智慧の母体のことで、般若菩薩をさす。仏母《ぶつも》ともいわれる。般若のサンスクリット語（prajñā）が女性名詞であるので、母と尊称される。

〈梵文〉サンスクリット語（梵語）の経典を収めている箱である梵篋《ぼんきょう》ともいわれる。般若菩薩の三昧耶形《さんまやぎょう》の一つ。

〈調御〉仏の十号（十種の呼び名、すなわち如来、応供、正遍知、明行足、善逝、世間解、調御丈夫、天人師、仏、世尊）の一つ。

〈《チク》〉dhīḥ，般若菩薩の種子《しゅじ》。普通、般若菩薩の種子は、dhī であるが、次の maṃ の空点と対応して、涅槃点を付す。

〈《マン》〉maṃ，文殊菩薩の種子。

〈陀羅尼〉サンスクリットの dhāraṇī の音訳。一般に現在では、長文の真言のことを陀羅尼と称しているが、もともと心を一点に集中する状態をさす。その原意から、「持」とか「総持」と漢訳される。

【大意】『般若心経』を釈するにあたって、まず般若の智慧を司る文殊菩薩と、『般若経』の悟りを身につけた般若菩薩、それぞれの三昧耶形と種子とをかかげ、これら両菩薩に帰命し、礼拝することを表明している。

文殊菩薩は手に利剣を持って、われわれの心に潜む煩悩を断ち切られる。

般若菩薩は手に梵篋を持つことにより、諸仏の師であることを示される。

般若菩薩の悟りの境地を一字の真言である種子で表せば、dhīḥ である。
文殊菩薩の種子は maṃ である。これらの種子は、その中にあらゆる教えを包含した陀羅尼ということもできる。

3　発起序

無邊《ノ》生死《ハ》何《イカンカ》能《ク》断《ツ》。唯《タ》有《テス》二禪那正思惟《ノミ》一。
尊者《ノ》三摩《ハ》仁不《ス》レ讓《ラ》。我《レ》今《マ》讃述《ス》垂《レ玉へ》二哀悲《ヲ》一。

「無辺の生死《しょうじ》は何《いかんが》よく断つ。唯禅那《ぜんな》、正思惟《しょうしゆい》のみ有ってす。尊者の三摩《さんま》は仁《にん》譲らず。我今讃述す、哀悲を垂れたまえ」

【語釈】
〈禅那〉 dhyāna、禅定のことで、般若菩薩の徳。
〈正思惟〉 正しい思考の結果得られる智慧のことで、文殊菩薩の徳。
〈尊者〉 般若菩薩。

〈三摩〉 三摩地（samādhi）、精神集中の状態、それより悟りの境地を指すこともある。地を除いた省略形。

〈仁〉 仏の異名の一であるjinaを仁者と訳す（『大日経疏』四）省略形。この場合は釈尊を指す。

【大意】 凡夫は無限に続く生死の苦をどのようにして断てばよいのであろうか。それはただ般若の徳である禅定と、文殊の徳である正しい思考によるのである。そこでこの般若菩薩の悟りの境地を説くことを、釈尊は他のものに譲らないで自らお説きになった。そのように私（空海）は、『般若心経』について讃迎し、講述しようと思います。なにとぞ般若、文殊の両菩薩よ、哀悲をたれたまえ。本書の撰述に当たって、『般若経』に関係の深い両菩薩に祈願する。

通常、帰敬序は経典や注釈書の冒頭に、関連する仏、菩薩などに帰依の念を表明する。発起序は文章の起こりを示す。

一般に『般若心経秘鍵』では冒頭の二偈を帰敬序と発起序に当てるが、その内容から二偈全体を帰敬序とし、以下の「夫仏法」以下を発起序と見做す説もあったことを、頼瑜は『秘鍵開蔵鈔』（『真全』六頁上）に紹介している。

4　大綱序

夫佛法非遥。心中即近。真如非外。弃身何求。迷悟在我。則發心即到。明暗非他。則信修忽證。哀哉哀哉長眠子。苦哉痛哉狂醉人。痛狂笑不醉。酷睡嘲覺者。不曾訪醫王之藥。何時見大日之光。至若翳障軽重覺悟遅速。機根不同。性欲即異。遂使二教殊轍分手金蓮之場。五乗並鑣跪蹄幻影之坪。随其解毒。得藥即別。慈父導子之方大綱在此乎。

「夫《そ》れ佛法遥かに非ず、心中《しんじゅう》にして即ち近し。真如外《しんにょほか》に非ず、身《み》を棄《す》てて何《いずくんか》求めん。迷悟《めいご》我に在り。則ち発心《ほっしん》すれば即ち到る。明暗《みょうあん》他に非ず。則ち信修《しんじゅ》すれば忽ちに証す。哀《あわれ》なる哉《かな》、哀なる哉、長眠《じょうめん》の子《し》。苦しい哉、痛い哉、狂酔の人《にん》。痛狂は酔わざるを笑い、酷睡《こくすい》は覚者を嘲《あざけ》る。曽《かつ》て医王の薬を訪《とぶら》わずんば、何《いず》れの時にか大日の光を見ん。翳障《えいしょう》の軽重、覚悟の遅速のごときに至っては、機根《きこん》不同にして、性欲《しょうよく》即ち異なり、遂使《ついいん》じて二教轍《あと》を殊《こと》じて、手を金蓮《こんれん》の場《じょう》に分かち、五乗鑣《くつばみ》を並べて、蹄を幻影《げんにょう》の埒《らち》に跪《あが》つ。其の解毒に随うて、薬を得ること即ち別なり。慈父導子《じぶどうし》の（p.4）方《ほう》、大綱此れに在り」

【語釈】

〈明暗〉悟りと迷い。

〈信修〉信じ修行する。

〈長眠〉長い間、眠り続けること、衆生が迷いの世界で、向上の意欲もなしに、惰眠をむさぼっていることにたとえる。

〈狂酔〉ひどく酔っぱらうこと。

〈痛狂〉　ひどく酔っぱらっている人、迷える衆生をいう。
〈酷睡〉　ぐっすり眠っている人、同じく迷える衆生のたとえ。
〈医王〉　精神的な治療にたけた医者、つまり仏陀をさす。
〈大日の光〉　大日如来の智慧の光、衆生が本来もっている仏であるという自覚。
〈翳障〉　太陽の光を遮る笠のような障碍すなわち煩悩のこと。
〈覚悟〉　自身が本来仏であることに気付くこと。
〈機根〉　宗教的な素質。
〈性欲〉　人間本性の上でもつ欲望や願い。
〈二教〉　金剛界と胎蔵の二種の教え。
〈金蓮〉　金剛と蓮華、つまり金胎の両部。
〈五乗〉　人、天、声聞、縁覚、菩薩それぞれの教え。
〈鑣〉　馬の口に含ませ、手綱をつけて、馬を御す道具。原文の鑣は誤りのため訂正。
〈幻影〉　幻や影のように真実でないものに執着する考え方。
〈埒〉　馬場の周辺に作られた低い垣根。
〈踠つ〉　あがきもだえる。
〈解毒〉　煩悩を毒にたとえ、その毒に犯されている状況により解毒の方法が異なる。

〈薬〉　仏教の教え。
〈慈父〉　仏のたとえ。
〈導子の方〉　子すなわち衆生を導く方法。

【大意】　『般若心経秘鍵』を説くに当たって、その趣旨を「大綱序」として提示する目的をもち、そもそも仏法はどこに存在するものであるのか、それに至りつくには、どのような方法があるのかといった点を中心に説いている。

一般に人々は仏法といえば尊く、優れていて、自分たちの住む世界とはかけ離れた世界のことだと思いがちである。しかしながら本当のところは、仏法が示す真理というものは、ずっと離れた場所にあるわけではなく、自分の心の中にあり、この自分の身体以外のどこにも存在するものではない。

また迷いと悟りとは、まったく別のものだと思い込んでいるけれども、それは自分勝手な思い込みにすぎない。だから悟りに近づき、それをわがものにしようと決心し、自身が本来仏であると信じ、修行を重ねるならば、ただちにそれが実証される。

それにもかかわらずそのことに気がつかない哀れな人々は惰眠をいたずらにむさぼり、あるいはひどく酔っ払っている人のように、悟りをえた目覚めた者を嘲り笑う始末である。いつまでも医王としての仏陀の教えの薬を服用することがなければ、いつの日になったら大日如来の智慧の光を身に受け、悟りを体得することができようか。

人々の煩悩に軽重、悟りに至りつく時間に遅速があるのは、それぞれの宗教的な能力が必ずしも同じではないし、人々の欲望も願いも皆違っているからである。

そのようなわけで、密教の教えに関しても、『金剛頂経』と『大日経』という両部の経典に分かれて、その教えが異なり、それらに至る道筋も別々で、金剛界と胎蔵法の実践の場が用意されている。

また人、天、声聞、縁覚、菩薩といった五種類の人々を救済するための乗り物は、いずれもそれらを引く馬の鼻づらを並べ、なんら実体のない幻や影を求めて、馬場の周りにめぐらされている垣根に蹄を引っ掛けてもがいているにすぎない。このような状態にあるものは、迷いの毒に犯されている程度もそれぞれ違い、その毒を消す方法も千差万別である。したがって慈父のような仏が、迷える衆生を導く方策も、以上のような状況に応じたもので、いろいろ用意されているのである。

【注記】 本文中の「夫れ佛法」から「忽ちに証す」までの文と、「曾て医王の薬を訪わずんば、何れの時にか大日の光を見ん」の文が、中国唐代中期の天台宗の僧であった明曠の『般若心経疏』（『卍続蔵』一・四十一・四）よりの引用文であるとの説（鈴木宗奕「般若心経秘鍵に就て」『密教』二—二）が明治四十五年（一九一二）に発表された。

それに対して『般若心経疏』が偽作であるとの論（釈慶淳「明曠の心経と高祖の秘鍵」（『密教』二—三）、高見寛応「明曠の般若心経疏私考」（『密教学報』二二二）、田島徳音『仏書解説大辞典』第九巻）が展開され、反論がなされた。しかし一方、『望月仏教大辞典』第五巻が引用説をとったためか、その後、この問題が正面から論議されることはなかった。さきに挙げた『般若心経秘鍵』の解説書（本書一三—一五頁　A）の中では、宮崎忍勝（A6）、勝又俊教（A7）、松本照敬（A8）、金岡秀友（A10）、頼富本宏（A12）および松長有慶（『定弘』第三巻　解説）が引用説に従っている。

ところが最近この問題を改めて取り上げて、偽作説を主張したのは村岡空（『般若心経秘鍵入門』京都大覚寺　二〇〇四年八月　九八—一〇三頁、三三四—三八九頁）である。村岡は、この引用だとされる文が、文体のリズム、シンタックスの面において、空海独特のものであること、文中の「信修」の語が空海の造語で、『性霊集』巻十に初出されること、などの理由を挙げている。

「信修」の用語例を空海以前に探索する操作を、筆者は行っていないので、信修の語が空海の初出か否かをただちに断定し得ないが、この文章が空海独自のリズムと文体を持ち、他の文からの引用であるとは考えにくいことは事実である。

『般若心経秘鍵』に対し明治以前に書かれた注釈書には、この文が他からの引用文であることに言及していないことも、考慮する必要がある。

さらに空海の著作において引用される文献は、経典と論疏に限られ、他人の論を利用することはない。先述のように、空海の経典の引用は初期の著作で、自説を裏付けるために多くなされ、年月の経過とともにその数を減少させている。そのため、最晩年の作と見做される『般若心経秘鍵』の中に、わざわざ他人の論を盗用することは考えられない。

以上の理由によって、明曠の『般若心経疏』の当該部分は、反論者のいうように、江戸期に日本で偽作されたという説に加担し、ここで筆者の前説を修正するにやぶさかではない。

5　大意序

a　経典の全体像

大般若波羅蜜多心経《ト》者即《チ》是《レ》大般若菩薩《ノ》大心真言三摩地法門《ナリ》。文《ハ》欠《カケ》㆓一紙《ニ》㆒行《ハ》則《チ》十四《ナリ》。可《シ》㆑謂《フ》簡《ニシテ》而要《ナリ》約《ヤカニシテ》而深《フカシ》。

五蔵ノ般若ハ嗛ンテ二一句ニ一而不レ飽カ。七宗ノ行果ハ歠ノンテ二一行ニ一而不レ足ラ。

「大般若波羅蜜多心経と者《いっぱ》、即ち是れ大般若菩薩の大心真言三摩地法門なり。文《もん》は一紙に欠け、行は則ち十四なり。謂うべし、簡にして要なり。約《つづまや》かにして深し。五蔵の般若は一句に嗛《ふく》んで飽かず、七宗の行果は一行《いちごう》に歠《の》んで足らず」

【語釈】

〈大心真言〉 心真言とはサンスクリットの hṛdaya の漢訳。『陀羅尼集経』第三巻（『正蔵』第十八巻 八〇七頁）に、般若菩薩の大心陀羅尼第十六呪として、「掲帝掲帝 波羅掲帝 波羅僧掲帝、菩提莎訶」が掲げられ、「是大心呪」と称している。

〈三摩地〉 サンスクリットの samādhi の音訳。等持の訳語もあるように、心を一点に集中して、雑念を離れること、また瞑想の結果得られる心的な状態をいう。諸尊の悟りの境地を指す意味で使われることも多い。

〈行は則ち十四なり〉 『般若心経』の現在の経典は十七字一行で十七行半あり、この十四をどのように解釈するかについて、諸説がある。
1　経題と「故説」以下の文と最後の呪を除くと十四行となる（覚鑁）。
2　梵本は十四行（道範）。
3　羅什訳の『皇帝宸筆本』は十四行で、大覚寺に伝わる。
現在決着はついていないが、空海所持の経典が十四行であったのではないかとする小田慈舟の説（『十巻章講説』下巻　一一六一頁）に従う。

〈五蔵〉および〈七宗〉については、本書　著作解説　二の2（二二頁―二五頁）参照。

〈一句〉「行深般若波羅蜜多」の一句とみるのが通説であるが、経典の中の一一の句とみる説もある（坂田、福田）。

〈一行〉「三世諸仏依般若波羅蜜多故得阿耨多羅三藐三菩提」の一行とする説と、それぞれの行とする説がある。


【大意】『般若心経』は般若菩薩の悟りの境地を披瀝したもので、短編であるがその中には、あらゆる教えがぎっしりとつまっていることを明かす。

『大般若波羅蜜多心経』という経典は、大般若菩薩の大心真言であり、大般若菩薩の悟りの境地を説き明かしたものである。この経典の文字の数は、一紙にも満たず、わずかに十四行にすぎない。きわめて簡潔であるが、要点はしっかりと押えている。言葉は少ないが、内容は深い。

『般若心経』は、その一句の中に、経、律、論、顕、密の五蔵にわたる般若の教えが充満しており、一行の中にも、顕密の七宗のあらゆる行の果を含んで、なお余りがあるほどである。

b　句々の深い意味

觀在薩埵《ハ》則《チ》擧《ケ》諸乘《ノ》之行人《ヲ》度苦涅槃《ハ》則《チ》褰《カヽク》諸教《ノ》之得
樂《ヲ》。五蘊《ハ》横《ニ》指《シ》迷境《ヲ》三佛《ハ》竪《ニ》示《ス》悟心《ヲ》。言《ヘハ》色空《ト》則《チ》普賢解《トキ》頤《ヲトカイヲ》
圓融《ノ》之義《ニ》談《スレハ》不生《ト》則《チ》文殊破《ル》顏《ヲ》絶戲《ノ》之觀《ニ》。説《ケハ》之《ヲ》識界《ニ》簡
持拍《チ》手《ヲ》泯《スレハ》之《ヲ》境智《ニ》歸一快《クス》心《ヲ》。十二因縁《ハ》指《シ》生滅《ヲ》於麟角《ニ》。
四諦法輪《ハ》驚《カス》苦空《ヲ》於羊車《ニ》。況《ヤ》復《タ》《ノ》二字《ハ》呑《ミ》諸藏《ノ》之行
果《ヲ》《ノ》兩言《ハ》孕《ハラメリ》顯密《ノ》之法教《ヲ》。一一《ノ》聲字《ハ》歷劫之談《ニモ》不盡《ツキ》。

一一ノ名實ハ塵滴ノ之佛モ無シレ極玉フコト。

「観在薩埵《かんざいさった》は則ち諸乗の行人《ぎょうにん》を挙げ、度苦涅槃《どくねはん》は則ち諸教の得楽《とくらく》を褰《かか》ぐ。五蘊は横《おう》に迷境を指し、三佛《さんぶつ》は竪《しゅ》に悟心《ごしん》を示す。色空と言えば、則ち普賢 頤《おとがい》を円《えん》融《にゅう》の義に解き、不生と談ずれば、則ち文殊 顔《かんばせ》を絶戯《ぜっけ》の観に破る。之《これ》を識界に説けば、簡持《けんじ》手を拍《う》ち、之を境智《きょうち》に泯《みん》ずれば、帰一心《きいちこころ》を快くす。十二因縁は生滅を麟角《りんかく》に指し、四諦《したい》の法輪は苦空を羊車《ようじゃ》に驚かす。況や復𑖐𑖝𑖸《ギャテイ》の二字は諸蔵の行果を呑み、𑖢𑖯𑖨𑖭𑖽《ハラソウ》の両言は顕密の法教を孕めり。一一の声字《しょうじ》は歴劫《りゃくこう》の談にも尽きず。一一の名実《みょうじつ》は塵滴《じんてき》の仏《ほとけ》も極めたまうこと無し」

【語釈】

〈観在薩埵〉観在は観自在の、薩埵は菩提薩埵の略称。伝統的な解説によれば、ここでは、一般にいわれる観自在菩薩ではなく、諸乗の行人を指すため、あえて「観自在菩薩」とはいわず、「観在薩埵」の語を用いた、とみる。覚鑁は『般若心経秘鍵略注』において、この観在薩埵に、三種の意味がある。その一は通常の解釈で、観自在菩薩とみる顕の釈、第二は菩提薩埵全般を意味するとみるやや広い理解、第三はそれを説くわたし、それを聞くあなたというふうに、観在薩埵を対象化せずに自分自身と受け取る奥深い解釈、以上の三種の解釈の別をあげている（『正蔵』第五十七巻　十四頁中）。

〈度苦涅槃〉「度一切苦厄」から「究竟涅槃」までの文。ただし「度一切苦厄」あるいは「離諸苦厄」の語は、羅什訳、玄奘訳、般若訳を除く諸漢訳、および現存のサンスクリット本には存在しない。

〈五蘊〉経典に挙げる「照見五蘊皆空」を指す。五蘊とは、色、受、想、行、識をいう。人間の肉体と精神はこれら五種類のものが仮に集まっているだけで、実体は空だと説く。ここで五蘊という語によって迷いの世界を表している。

〈三仏〉経典の「三世諸仏」の語を示す。過去、現在、未来の三世の仏。

〈色空〉経典の「色不異空」を指す。普賢菩薩の悟りの境地で、華厳宗の円融（実在と現象界とが一体であるのみならず、現象界の一切のものが、本来の立場からすれば、互いに溶け合い一体であると観ずる）の教えにあたる。

〈頤を解く〉わが意を得たりとにっこり笑うこと。

〈不生〉経典の「不生　不滅　不垢　不浄　不増　不減」の六不を指す。文殊菩薩の悟りの境地で、三論宗の八不（生滅、断常、一異、来去それぞれの否定）の教えに対応させる。

〈絶戯〉　戯論すなわち両極端に偏った考えを破る。
〈識界〉　経典の説く五蘊、十二処（知覚を生じる場ないし条件としての眼、耳、鼻、舌、身、意の六種の感覚器官すなわち六根と、これらの対象である色、声、香、味、触、法の六境を総称したもの）、十八界（十二処に眼、耳、鼻、舌、身、意の六識を加えたもの）の代表として識界を挙げる。
〈簡持〉　外界の存在にこだわる考えを、簡《えら》び取り去り、内の識のみ持す、唯識の思想を指し、その境地を体得した弥勒菩薩のこと。法相宗の考えを示す。
〈境智を泯ずる〉　経典の「無智亦無得以無所得故」にあたる。客観（境）と主観（智）との対立をなくして一体と観ずる。それは観自在菩薩の悟りの内容で、天台宗の教えを表す。
〈帰一〉　主客の対立を離れて、一に帰る境地を説く観自在菩薩のこと。
〈十二因縁〉　経典の「無無明　亦無無明尽　乃至無老死　亦無老死尽」に相当する。縁覚が十二因縁を観じて、現象界の一切のものには必ず消滅があり、無常であることを悟る。縁覚は仏が世に出られなくても、独自に因縁を観じて悟ることができるので、独覚ともいう。
〈麟角〉　麒麟の一本の角ということで、無師独悟の縁覚の異名。
〈四諦法輪〉　経典の「無苦集滅道」に当たる。四諦とは、苦（人生で思いどおりにならないこと）、集（苦の起こる原因）、滅（苦の起こる原因を滅すること）、道（悟りへの正しい道筋）で、声聞はこの四諦の道理を観じて、阿羅漢の位を得る。

〈法輪〉仏法の教え、車輪を転ずると、瓦礫を砕くように、仏法を説くことによって、邪説を砕き退けるために、仏の教説を輪にたとえる。

〈苦空〉四諦には十六種の観法（十六行観）があり、そのうち苦諦には、苦、空、無常、無我の四種あるが、そのうちの苦と空の二を挙げ、四諦を代表させる。

〈羊車〉『法華経』譬喩品第二に説く三車の喩えで、三車とは、羊車、鹿車、牛車をいい、順に声聞乗、縁覚乗、菩薩乗に配当される。ここでは声聞乗を指す。

〈𑖐𑖝𑖸《ギャテイ》の二字〉『般若心経』の呪に、𑖐𑖝𑖸（gate）のつく呪が四度出てくる。そのうち最初と二度目の𑖐𑖝𑖸。𑖐と𑖝𑖸の二字の梵字とみる説もある。

〈諸乗の行果〉諸乗とはさまざまな教えではあるが、ここでは最初の𑖐𑖝𑖸は声聞、二度目の𑖐𑖝𑖸は縁覚を指す。

〈𑖢𑖿𑖨𑖭𑖲《ハラソウ》の両言〉第三の𑖢𑖿𑖨𑖐𑖝𑖸と第四の𑖢𑖿𑖨𑖭𑖲𑖐𑖝𑖸の両言。第三は諸大乗、第四は密教を指す。第三の𑖢𑖿𑖨、第四の𑖢𑖿𑖨𑖭𑖲の両言とみる。これにも𑖢𑖿𑖨と𑖭𑖲の両言とする説もある。あるいはまた前説のような四種の𑖐𑖝𑖸を、小乗、大乗、密教に配する考えを一応の配当とし、「一一の字、一一の句に顕密大小の行果を摂すべし、よって四種の𑖐𑖝𑖸おのおの諸蔵の行果を含むなり」を正しい見解とする意見もある（『宥快鈔』第二、『真全』第十六巻　二二〇頁）。

悉曇文字の𑖢𑖿𑖨𑖭𑖲を、サンスクリット文字にすると、prasu となる。現存のサンスクリット原典では、prasaṃとなっている。古来この点についてさまざまな意見が交わされているが、ここであまり細部にかかわることは避ける。六　秘蔵真言分の注記（本書一九五―一九六頁参照）

〈歴劫〉劫とは、古代インド人が考えていた、通常の認識の範囲を越えた（阿僧祇《あそうぎ》の）時間の単位をいう。歴劫とは、無限の時の経過を経ること。

〈声字〉この場合の、声は現象界のコエ、字は絶対界とつながるコトバ。

〈名実〉この場合の、名はコトバ（記号）、実は物（対象）、「名は実を離れず、実は名に遠からず、名実の相憑《あいよ》ること、理自ら然り」（『文鏡秘府論』天、『定弘』第六巻　二九頁）。

〈塵滴〉塵および水滴、いずれも無数を示す。


【大意】『般若心経』の本文の中に、大乗、小乗、顕密さまざまな教えが凝縮されて説き明かされていることについて、経典の一々の文を挙げて説明する。

『般若心経』の冒頭に出てくる「観自在菩薩」は、一般にいわれる観世音菩薩だけにとどまらず、仏道を修行するあらゆる行人のことである。それとともに、この経典を読誦するあなた自身に他ならないから、経典の内容を、他人事と思わず自身の問題として主体的に受け取ってほしいとの意が込められている。

「度一切苦厄」から「究竟涅槃」までは、いろいろな教えによってえられる悟りの果実を掲げたものである。「五蘊」というのは、横に人間世界に広がる迷いの状態を指し、それに対して「三世諸仏」は縦に仏の世界の悟りの状態を示す。

「色不異空、空不異色」といえば、すべてのものが互いに融けあってひとつになっている円融の心境にある普賢菩薩が、相好をくずして喜ばれる。華厳宗の教えに当たる。

「不生　不滅　云々」と六不を説けば両極端にかたよった、誤った考え方を打破するので、その利剣によって迷いを断ち切る文殊菩薩は、破顔微笑される。三論宗の教え。

「是故空中無色」から「無意識界」までは、五蘊、十二処、十八界など現象界の一切のものは、実体がなく空で、われわれの識の働きによっているに過ぎないと説くから、弥勒菩薩はそれに同感の意を表して、手をうちならして、賛同される。法相宗の教え。

「無智亦無得以無所得故」と、境（客体）と智（主体）との一体化を主張すれば、その考えをもつ観音菩薩は気持ちよく同意される。天台宗の教え。

「無無明　云々」の十二因縁を観じて、現世の生滅無常を悟るのは縁覚であり、この部分は、縁覚に対する教えにあたる。

「無苦集滅道」の四諦の教えは、苦、空、無常、無我を説くことによって、羊、鹿、牛の三種の車の中でも、価値の低い羊の車に相当する声聞乗に閉じこもる者を驚かせ、悟りに向かわせる。

さらにまた「𑖐《ギャ》𑖝𑖸《テイ》、𑖐《ギャ》𑖝𑖸《テイ》、𑖢𑖯《ハラ》𑖐《ギャ》𑖝𑖸《テイ》、𑖢𑖯《ハラ》𑖭𑖽《ソウ》𑖐《ギャ》𑖝𑖸《テイ》」の呪文の中には、大小顕密のすべての教えと、それを行ずる果が詰まっている。

このように『般若心経』が説く一々の文字と、それらがもっている真実に触れる深い意味については、きわめて永い時を重ねても、説き尽くすことができない。またそれら文字の表面とその基層をなす実体については、数限りない仏たちのだれ一人として極めることができない。

c 利益

是ノ故ニ誦持講供スレハ則チ抜キレ苦ヲ與ヘレ樂ヲ。修習思惟スレハ則チ得エレ道ヲ起スレ通ヲ。甚深ノ之稱誠ニ宜ク可シレ然シカル。

「是の故に誦持講供《じゅじこうく》すれば、則ち苦を抜き、楽を与え、修習思惟《しゅじゅうしゆい》すれば、則ち道《どう》を得、通《つう》を起こす。甚深の称《しょう》誠に宜しく然るべし」

【語釈】

〈誦持講供〉 誦持は諷誦と受持の、講供は講説と供養の略。『大般若経』第五七三巻、付嘱品

（『正蔵』第七巻　九六三頁）に、経典に対する接し方で、功徳ある行いとして、十法行（書写、供養、施他、諦聴、披読、受持、広説、諷誦、思惟、修習）を挙げる。この十法行は、玄奘訳になる『弁中辺論』下（『正蔵』第三十一巻　四七四頁）にも偈頌の形で、中には簡略化して出る。ここで第七は、開演と名は異なっているが、『大般若経』の挙げる、広説と同じで、講説のこと。したがって誦持講供はいずれも十法行に含まれているとみてよいであろう。

〈修習、思惟〉この二も十法行に入る。

〈道を得、通を起こす〉仏道の究極の目的である悟りを得て、また神通力でもって神変を起こす。ここでは経典を誦持講供することによって、さまざまな奇跡を起こす現世利益の功徳と、仏道修行の最終目的である悟りを得て、成仏する果の両方を得ることができると、『般若心経』の功徳の甚深であることを明かす。

【大意】『般若心経』はこのように、その中に大小乗、顕密のあらゆる教えがぎっしり詰まっているから、この経典を、読誦したり、受持したり、講説したり、供養したりすれば、浮世のさまざまな苦しみからのがれ、安楽を得ることができる。またさらにそれを修習し、それについて思惟したりすれば、奇跡が起こり、最終的には悟りに行き着くこともできる。こういうわけで、教えだけではなく、功徳の点でもきわめて勝れた経典であるから、経典に「行深般若波羅蜜多」と称賛しているのもまことに当を得た評価だということができるであろう。

d　論を撰述した目的

余《ヨ》教童之次聊撮綱要釋彼五分。釋家雖多未釣此幽。翻譯同異顯密差別並如後釋。

「余、童《とう》を教うるの次《つい》でに、聊《いささ》か綱要を撮《と》って、彼《か》の五分《ぶん》を釈す。釈家《しゃくけ》多しと雖も、未だ此の幽《ゆう》を釣らず。翻訳の同（p.5）異、顕密の差別《しゃべつ》、並びに後《のち》に釈するが如し」

【語釈】

〈余〉空海の自称。
〈童〉この場合、子供ではなく、弟子ないしその教えを求める人を指す。
〈五分〉人法総通分、分別諸乗分、行人得益分、総帰持明分、秘蔵真言分と、本文を五分割する。

〈釈家〉注釈家。

〈幽〉幽玄な趣旨。

【大意】私は弟子たちを教えるついでに、『般若心経』の要点をかいつまんで、その本文を五分割して、私独自の解釈を加えた。『般若心経』に注釈を加えた人は、過去に幾人もいたが、未だかつて私のように、この経典の幽玄な本質に迫る理解を示した人はいない。『般若心経』のいくつかの翻訳相互の間に異同のある点とか、それを顕教の経典とみるか、密教の経典とみるかの違い、これらについては、後に詳しく述べるので、ここでは触れないでおく。

e 問答

或《アルヒト》問《テ》云《ク》般若《ハ》第二未了《ノ》之教《ナリ》。何《ソ》能《ク》呑《マン》二三顯《ノ》之経《ヲ》一。如来《ノ》説法《ハ》一字《ニ》含《ミ》二五乗之義《ヲ》一。一念《ニ》説《ク》二三蔵之法《ヲ》一。何《ニ》況《ヤ》一部一品何《ソ》匱《トモシク》何《ソ》無《ラン》。龜《キ》卦爻《ゲウ》蓍《ジ》含《ンテ》二萬象《ヲ》一而無《ク》レ盡《ルコト》。帝網聲論呑《テ》二諸義《ヲ》一

而不《ス》レ窮《マラ》。難者《ノ》曰《ク》若《シ》然《ラハ》前来《ノ》法匠何《ンソ》不《ル》レ吐《カ》二斯《ノ》言《ヲ》一。答聖人《ノ》投《ルコト》レ藥《ヲ》随《ヒ》二機《ノ》深淺《ニ》一賢者《ノ》説黙《モクハ》待《チ》レ時《ヲ》待《ツ》レ人《ヲ》。吾《レ》未《タ》《ス》レ知《ラ》。蓋《ケタシ》可《ヘキヲ》レ言不《ルカ》レ言《ハ》不《ケレハ》レ言《マシ》不《ルカ》レ言《ハ》。不《キヲ》レ言言《フイエラン》レ之《ヲ》。失《トカ》智人断《コトハリ玉ヘ》而已《ノミ》。

「或るひと、問うて云《いわ》く。般若は第二未了の教《きょう》なり。何ぞ能く三顕の経を呑まん。如来の説法は、一字に五乗の義を含み、一念に三蔵の法を説く。何《いか》に況《いわん》や一部一品、何ぞ匱《とぼ》しく、何ぞ無からん。亀卦《きけ》、爻蓍《ぎょうし》、萬象《まんぞう》を含んで尽くること無く、帝網《たいもう》、声論《しょうろん》、諸義を呑んで窮らず。

難者《なんじゃ》の曰《いわ》く。若し然らば、前来《ぜんらい》の法匠《ほっしょう》、何ぞ斯《こ》の言《ことば》を吐かざる。答《と》う。聖人《しょうにん》の薬を投ぐること、機の深浅《じんせん》に随い、賢者《げんじゃ》の説黙は時を待ち、人《ひと》を待つ。吾未だ知らず。蓋し言うべきを言わざるか、言うまじければ言わざるか、言うまじきを之を言えらん。失《とが》智人断《こと》わりたまえ、而已《まくのみ》」

【語釈】

〈或るひと〉 後の文からみると、法相宗の学匠の誰かを指すとも思えるが、具体的にその人物を特定することはできない。空海はその著作の中で、このような問答形式で、その論を進めることがよくある。この場合も、架空の人物を借りた質疑応答とみなすべきであろう。

〈第二未了の教〉 『解深密経《げじんみっきょう》』に、有、空、中の三時教を説く「三時教判」が説かれている（『正蔵』第十六巻 六九七頁上中）。三時教判とは、釈尊の一代の説法を三期に分かち、初時には有教を、第二時には空教を、第三時には中道教を説いたとする教説で、とくに法相宗が主張した。『般若心経』は『大般若経』の略出であるから、第二時の空教に当たり、第三時の中道教にはまだ達していない未了の教えという意味。

〈三顕の経〉 第三時の顕了の中道を説く経。『大乗法苑義林章』第一（『正蔵』第四十五巻 二四九頁上）に、四阿含等を説くのは初時教、空を説くのは第二時教、華厳、深密、唯識教等は第三時教である。顕了の言をもって三無性、非空、非有、中道の教えを説く故である。（取意）と述べられている。

〈五乗〉 人、天、声聞、縁覚、菩薩の五種の乗り物すなわち教え。一説には、人と天を一括して、人天乗として、最後に仏乗を加えて五乗とする。いずれにせよこの場合は、あらゆる教えの意味で用いられている。

〈三蔵〉　経、律、論をいう。この場合も仏教のあらゆる教えを指す。
〈亀卦〉　中国の太古に、伏羲氏が金色の亀が川の中から、八卦を負って出てきて、その指示に従って国を治めたという故事から、八卦のことをいう。
〈爻蓍〉　周易に用いる算木と筮竹のこと。
〈帝網〉　帝釈天の宮殿の天井に張り巡らされている網のこと。帝釈天の宮殿の天井に、縦横にいくつも張り巡らされている網は、縦と横の接触する部分は、それぞれ宝珠で接合されている。そのひとつの宝珠は表面に、その他の無数の宝珠を映し出す。一の中に無数が含まれていることの喩えとして、帝網という言葉が使われる。
〈声論〉　帝釈天が『声論』を造り、一声の中に無数の意味を含むと説いた。『声字実相義』（『定弘』第三巻　三七頁）に、「天帝自ら声論を造れり、能く一言に於いて具に衆義を含す」とある。声論は声明論の略で、サンスクリット語の文法についての論。
〈難者〉　質問する人。
〈前来の法匠〉　今まで法を伝えてきた学匠。
〈聖人〉〈賢者〉　聖人と賢者の位置づけについて、古来の注釈者はこだわって、いろいろの説を挙げるが、強いて区別を付けなければならぬとすれば、「十地を聖といい、地前三位を賢という」（杲宝口説『秘鍵聞書』第二、『真全』第十六　一〇三頁）くらいに考えてよい。

〈智人〉一切智を体得した人の意味で、仏陀をさす。

【大意】『般若心経』を顕教の経典とみる一般的な見方と、それを密教の経典と見做す著作者の見解を、前者が質問し、後者がそれに答える問答の形式で、論を進める。

私の『般若心経』に対する見解について、誰か次のような疑問を抱く人がいるかもしれない。すなわち、

問い。『般若心経』は『大般若経』を略出したものであり、『般若経』は釈尊が第二時に説かれた経典で、完全な内容をそなえているとは言い得ない。どうしてこの経典が第三時に説かれた完全な顕了経を含む経典だと言えるのであろうか。それにもかかわらずこの経典には、仏教のあらゆる教えを意味する五蔵の般若も、あらゆる宗派を指す七宗の教えとその果も、含まれているという意見には、賛同しがたい。

答え。如来の説法は、たった一字の中にも、五蔵の教えを含み、一念の中にも、経、律、論の三蔵の法が説き明かされているのである。したがって、一部とか一品とかというまとまった経典の中に、どうして深い意味が隠され含まれていないということがあろうか。

亀の甲を使う易の八卦や、算木あるいは筮竹の占いの中にも、森羅万象が余すところなく包含されており、帝釈天宮の天井に張り巡らされた網をつなぐ宝珠の一つひとつの中に、他の無

数の宝珠がことごとく映し出され、梵天が説く『声明論』の一言ひとことの中に、さまざまな意味が含まれていて、窮まりがないようなものである。

問い。それでは『般若心経』がそれほど深い意味をもった経典だとすれば、そのようなことを、今までの優れた学匠の方々がどうして説かれなかったのだろうか。

答え。諸仏諸菩薩が法をお説きになる時には、相手の宗教的な能力の程度に従って、それ相応に対処される。また高僧の方々が仏法の深い意味について解き明かされるか、それとも口を閉じて沈黙してしまわれるかは、今それを説く時期であるかどうか、あるいはそれを間違いなしに受け取ってくれる人が、いるかどうかの判断による。

今まで諸仏諸菩薩や優れた高僧の方々が、この深い意味をお説きにならなかったのは、説くべき時期であり、それを聞く能力を十分備えた人がいたのに、説かれなかったのか、それともまだ説くべき時期ではなく、それにふさわしい人もいなかったから、説かれなかったのか、そのいずれかについて、私は判断を保留するしかない。

ただ私がここで述べることは、まだ機が熟さず、言うべきでないことであるかもしれない。だが私はあえてそれを説こうと思う。それがいいか悪いかの決着は、一切智を備えた仏陀にお任せしたい。

【注記】「吾未だ知らず、云々」の文は、『論語』衛霊公第十五の文と似ている、との指摘は諸種の『秘鍵』の注釈書に見える。

その典拠について、最初に指摘したのは道範撰の『般若心経秘鍵開宝鈔』巻上であると、村岡空は述べ、その内容について以下のように詳しく紹介している。

初めに『論語』衛霊公第十五（新釈漢文大系本）によれば、このように記す。

子曰く、与に言ふ可くして、之と言はざれば、人を失ふ。与に言ふ可からずして、之と言へば、言を失ふ。知者は人を失はず。亦言を失はず。（孔子は言う、「共に語るべき人と語らないと、人を失う。だが共に語るべきでない人と語れば、誤解される。だから、知者は人を見るので、相手を見損なわず、また失言もしない」と。）

次に『道徳真経』玄徳第五十六（『道蔵』一一・新釈漢文大系本）では、こう記す。

知者は言はず、言ふ者は知らず。（老子は言う。「知者は多くを語らず、ごちゃごちゃ言うものに限って、実は何も知りはしない」と。）

さらに『道徳真経』知病《ちへい》第七十一（同上）では、こうも記す。

知りて知らずとするは上。知らずして知れりとするは病。夫れ唯病を病とす。是を以って病せず。聖人病せず。其の病を病とするを以ってなり。是を以って病せず。（老子は言う、「知りながら知らない風をするのは最上。知らないのに知ったか振りをするのは最低の欠点。欠点を欠点として認めれば、欠点にはならない。聖人に欠点がないのは、その欠点を素直に認めるから、彼には欠点がない」と。）

孔子と老子の名言を踏まえた上で、大師は「失、智人断リタマヘ而已」という。智慧（般若）がいかに主要な役割を果たすかを力説された（村岡『般若心経秘鍵入門』一四〇―一四一頁）。

二　正宗分『般若心経』の全体像

1　『般若心経』の題号の釈

佛説摩訶般若波羅蜜多心経者《ト》。就《テ》此《ノ》題《イ》額《クニ》有《リ》二《ノ》別。梵漢別《ナルカ》故《ニ》。今《マ》謂《ク》佛説摩訶般若波羅蜜多心経《ト》者胡漢雜《ヘ》擧《タリ》。説心経《ノ》三字《ハ》漢名《ナリ》。餘《ノ》九字《ハ》胡号《ナリ》。若《シ》具《サナル》梵名《ナラハ》曰《ヘシ》

。《ト》初《ノ》二字《ハ》圓滿覺者《ノ》之名。次《ノ》二字《ハ》開悟《シ》密藏《ヲ》施《ス》甘露《ヲ》之稱《ナリ》。次《ノ》二字《ハ》就《テ》大多勝《ニ》立《ツ》義《ヲ》。次《ノ》二字《ハ》約《シテ》定慧《ニ》樹《タツ》名《ヲ》。次《ノ》三《ハ》就《テ》所作已辦《ニ》為《ス》号《ト》。次《ノ》

二《ハ》據《テ》處中《ニ》表《ス》義《ヲ》。次《ノ》二《ハ》以《テ》貫線攝持等《ヲ》顯《ス》字《ヲ》。若《シ》以《テ》總《ノ》義《ヲ》説《カハ》皆具《ス》人法喩《ヲ》。斯《レ》則《チ》大般若波羅蜜多菩薩《ノ》之名《ナリ》。即《チ》是《レ》人《ナリ》。此《ノ》菩薩《ニ》具《ス》法曼荼羅真言三摩地門《ヲ》。一一《ノ》字《ハ》即《チ》法《ナリ》。此《ノ》一一《ノ》名《ハ》皆《ナ》以《テ》世間《ノ》淺名《ヲ》表《アラハス》法性《ノ》深号《ヲ》即《チ》是《レ》喩《ナリ》。

「佛説摩訶《まか》般若波羅蜜多心経と者《いっぱ》、此の題額《だいかく》に就いて二つの別あり。梵漢別なるが故に。今謂《いわ》く。佛説摩訶般若波羅蜜多心経と者、胡漢雑《まじ》え挙げたり。説心経の三字は漢名《かんみょう》なり。餘の九字は胡号《ここう》なり。若し具《つぶさ》なる梵名《ぼんみょう》ならば、ボダハシャマカハラジャハラミタカリダソタランと曰《い》うべし。初めの二字は円満覚者の名。次の二字は密蔵《みつぞう》を開悟し、甘露を施す称なり。次の二字は大多勝《だいたしょう》に就いて義を立つ。次の二字は定《じょう》(p.6)慧《え》に約して名を樹《た》つ。次の三つは所作已辦《しょさいべん》に就いて号《な》とす。次の二つは処中《しょちゅう》に拠《よ》って義を表《ひょう》す。次の二つは貫線摂持等《かんせんしょうじとう》を以って字を顕《あらわ》す。

若し総の義を以って説かば、皆人《にん》法《ぽう》喩《ゆ》を具す。斯《こ》れ則ち大般若波羅蜜多菩薩の名なり。即ち是れ人なり。此の菩薩に、法曼荼羅真言三摩地門を具す。一一の字は即ち法なり。此の一一の名は、皆世間の浅名《せんみょう》を以って法性《ほっしょう》の深号《じんごう》を表《あらわ》す。即ち是れ喩《ゆ》なり」

【語釈】

〈梵漢〉　梵語、すなわちサンスクリット語と、漢語すなわち漢訳された言葉。

〈胡漢〉　胡は胡語のことで、漢は漢語を指す。胡語とは、北方のえびすの国の言葉の意味。中国において、後漢より隋代にいたるまで、胡は漢民族以外の人間、言語、文化を一括して表す言葉であった。サンスクリット語もその中に一括して入れられる。空海はえびすの胡語とサンスクリット語との相違を知ってはいたが、先に梵漢と記したので、文章の変化を意識して、同じ意味を持つ言葉で、次には、胡漢と変化させて用いた。

〈〉

この悉曇文字をローマ字に変換すれば、buddābhasa mahāprajñā-pramitahrdasutraṃ となる。これらを、現在われわれが使用しているサンスクリット語で記述すれば、buddhabhāṣā-mahāprajñāpāramitā hṛdayasūtraṃ となろう。

〈円満覚者〉すべての点において円く、悟りに達した者の意で、仏陀の尊称。

〈大多勝〉大きいこと、多いこと、勝れていること。

〈定慧〉禅定と智慧。般若は十波羅蜜のうち第六の智慧波羅蜜に相当する。しかしこの智慧は禅定と不可分という意味で、定慧と併記する。

〈所作已辦〉すべて成すべきことは具え終えたの意味で、涅槃という悟りの境地に到達したこと。原文の辨（分ける）を辦（そなえる）に訂正した。

〈処中〉ものごとの中心点に居をしめていること。

〈貫線摂持〉インドでは、経典など樹葉に書かれた紙類の端に穴を開けて糸を通し、バラバラにならないようにして保持する。経典のサンスクリット語の sūtra は、「縦糸」の意味で、このような保持の状態にちなんだ名称。経典が糸でしっかりとつながれているように、優れた思想がぎっしりと詰め込まれていることを象徴的に示す。

【大意】『般若心経』の具名である『佛説摩訶般若波羅蜜多心経』のサンスクリット語の経典名を七分割して、それぞれの言葉の意味を明らかにする。それとともにこの経典が、たんに般若の空という「法」のみを説く経典ではなく、「人」「法」「喩」の三種の単題を具えた経典であることを提示する。
『佛説摩訶般若波羅蜜多心経』という経典の題目には、梵語と漢語の二種類の別々の言語が含まれている。そのうち「説」と「心」と「経」の三字は漢語の名である。その他の九字はサンスクリット語で、梵漢の混合態である。
もしその経題を、サンスクリット語だけで詳しく紹介するとすれば、bu-ddā-bha-sa-ma-hā-pra-jñā-pra-mi-ta-hṛ-da-su-traṃ（以上原文）、（以下修正）buddhabhāṣā-mahāprajñāpāramitāhṛdaya-sūtraṃ となる。
これらの経題のうち、最初の二字 bu-ddha（佛）は、自覚と覚他の悟りを共に円満せられた知者たる仏陀の名である。
次の二字 bha-sa（原文）、修正文では bhāṣā（説）は、秘密の奥深い仏法の蔵を開いて、その中に秘蔵されてきた甘露にも喩えられる仏教の教えを、ひろく人々の間に施すことをいうのである。
次の二字 ma-hā（摩訶）は、その意味から訳すならば、大、多、勝の三種の漢語となる。
次の二字 pra-jñā（般若）は、もともと智慧の意味であるが、その中には仏教で智慧と対比してともに重要視される禅定の意味も含む言葉として、ここでは解すべきである。
次の三字 pra-mi-ta（原文）、修正文では四字 pā-ra-mi-tā（波羅蜜多）は、成すべき事を、すべて成しおえて、究極の涅槃の境地である彼岸に到達し終えたことで、この名がある。

次の二字 hṛ-da（原文）、修正文では三字 hṛ-da-ya（心）は、ものごとの核心、中心点に処すという意味を持つ。

次の二字 su-traṃ（原文）、修正文では sūtraṃ（経）は、糸で貫き、一つに縛って保持すること。そこから経典をも意味することになった。

もしこの経題を全体的に眺めて説くならば、人と、法と、喩が同時に具わっているとみるべきである。この経題の中心をなす摩訶般若波羅蜜多とは、大般若菩薩の名前であるから、人である。またこの大般若菩薩は真言の悟りの境地を、文字で示した法曼荼羅を具えているから、経典の一字一字は法曼荼羅の法だということもできる。さらに経典の一々の題名は、世間の一般的な名前を用いているけれども、本当のところは仏の悟りの深い意味を表したものと受け取らねばならない。そういう点において、この題名を、喩と見ることも可能である。

顕教の経典の名においては、人法喩の中のどれか一つでもって説明するのが通例であるが、密教経典である『般若心経』の題名は、これら三種がいずれも具備されているとの主張を展開している。

【注記】この他にも経典の題名を主題に、人法喩の三で説明する論が、空海撰の諸種の『開題』類に見出される。『大日経開題』（法界浄心本）、『教王経開題』、『法華経開題』（開示茲大乗経）、『法華経開題』（重円性海本）、『金剛般若波羅蜜経開題』など。

経題の「佛説」の有無について。『般若心経』の漢訳のうち現存する七種、および法隆寺の献納宝物貝葉をはじめとするサンスクリット本には、経題に、佛説の二字がない。この点について、道範の『般若心経秘鍵開宝鈔』巻上（『日本大蔵経』般若部章疏　四九一頁）には、「当時現流の本に、佛説の字なし。是は読誦の時に、之を略するか。大師御筆本并びに皇帝宸筆金泥の経に之あり」と記している。一九四七年に西安市の青龍寺跡から出土した、八世紀前半と推定される石灰岩からなる「阿弥陀三尊坐像龕」の背面右側に、『佛説般若波羅蜜多心経』の経文が刻まれている（『中国国宝展カタログ』朝日新聞社　二〇〇四年九月、一二一番）。空海が依用した『般若心経』には、経題に「佛説」が付せられていた可能性がある。ただし現在嵯峨の大覚寺に保管されている勅封の宸筆本には、佛説の二字はなく、摩訶から起筆されているという（村岡　一四五頁）。現在通常『般若心経』を読誦する時、最初は「佛説」から唱えるが、重ねて唱える場合は、経末の「般若心経」から「佛説」をとばして、「摩訶般若」と続ける。

2　『般若心経』の要旨

a　誰が、何処で、誰に

此ノ三摩地門ハ佛ケ在シテ二鷲峯山ニ一為ニ二鷲子等ノ一説レ玉ヘリ之ヲ。

「此の三摩地門は、佛鷲峯山《じゅぶせん》に在《いま》して鷲子《じゅうし》等の為に之を説きたまえり」

【語釈】

〈三摩地門〉　前述の大意序の中で、「大般若波羅蜜多心経と者、即ち是れ大般若菩薩の大心真言三摩地法門なり」の文が冒頭にあった。したがってこの「三摩地門」とは、『般若心経』の意味で用いられている。

〈佛〉　この佛を生身の釈迦とは見ない。変化法身の釈迦如来とする。平安末、高野山の道範の頃より、この「佛」についての議論が始まったようである（『般若心経秘鍵開宝鈔』巻上、四九三頁）。

〈鷲峯山〉　中インド・マガダ国の首都であった王舎城の東北に位置する百メートル余の山で、

耆闍崛山（gṛdhrakūṭa）と音訳され、鷲峯山あるいは霊鷲山《りょうじゅせん》とも呼ばれている。禿鷹の住んでいた山とも、その形が禿鷹あるいは鷲に似ているところに、その名の由来があるともいわれる。佛の説法の地として現在も、参詣者が絶えない。

〈鷲子〉サンスクリット名　舎利弗怛羅（Śāriputra）、舎利子の名が一般的である。仏十大弟子の一人で、智慧第一といわれる。『般若経』の対告衆《たいごうしゅう》を代表する弟子。対告衆とは、説法に際して、その周辺に侍して聴聞する者を言う。

【大意】 この箇所は『般若心経』は、誰が、何処で、誰に対して説いたかを明らかにする。『般若心経』の説者、説処、対告衆について述べる。それを顕教の経典とする一般的な見方では、生身の釈尊が現実の地である鷲峯山において、舎利子をはじめとする大勢の聴衆を相手に、説法をした、それが『般若心経』であるとする。ところがそれを密教経典と見る立場では、『般若心経』の記述を受けながら、その内容を読み替える必要がある。その第一弾として、空海はまず主語を変える。

　この文の主語は、『般若心経』ではなく、この三摩地門と記す。誰が、何処で、誰に対して、という基本の設定では、従来の説を継承しながら、主語を、同じ内容をもつ密教の専門用語に変えることによって、この経典は内容の上では、顕教の経典ではなく、密教経典であることを強く認識させようとしている。

次に「佛」について、空海は直接言及していないが、平安末の道範の頃より、変化法身としての釈尊であると主張せられるようになった。生身の釈迦では、密教経典の説主としてふさわしくないと、考えられたからである。

b　翻訳の種類

此《ノ》経《ニ》數《アマタノ》翻譯《アリ》。第一《ニ》羅什三蔵《ノ》譯。今《ノ》所説《ノ》本是《ナリ》。次《ニ》唐《ノ》遍覺三蔵《ノ》翻《ニハ》題《ニ》無《シ》佛説摩訶《ノ》四字。五蘊《ノ》下《ニ》加《ハヘ》等《ノ》字《ヲ》。遠離《ノ》下《ニ》除《ク》一切《ノ》字《ヲ》。陀羅尼《ノ》後《ニ》無《シ》功能。次《ニ》大周《ノ》義浄三蔵《ノ》本《ニハ》題《ニ》省《ハフキ》摩訶《ノ》字《ヲ》。真言《ノ》後《ニ》加《ヘタリ》功能《ヲ》。又法月及《ヒ》般若兩三蔵《ノ》翻《ニハ》並《ニ》有《リ》序分流通。又陀羅尼集経《ノ》第三《ノ》巻《ニ》説《ケリ》此真言法《ヲ》。経《ノ》題與《ト》羅什同《ナシ》。

「此の経に数《あまた》の翻訳あり。第一に羅什《らじゅう》三蔵の訳、今の所説の本《ほん》是れなり。次に唐の遍覚《へんがく》三蔵の翻《ほん》には、題に佛説摩訶の四字無し。五蘊の下に等の字を加え、遠離の下に一切の字を除く。陀羅尼の後に、功能《くのう》無し。次に大周の義浄《ぎじょう》三蔵の本には、題に摩訶の字を省き、真言の後に、功能を加えたり。

又法月《ほうがつ》及び般若両三蔵の翻には、並びに序分流通《るつう》有り。

又陀羅尼集経《だらにじっきょう》の第三の巻《まき》に、此の真言法《ぼう》を説けり。経の題、羅什と同じ」

【語釈】

〈羅什〉サンスクリット名のKumārajīvaを音訳した「鳩摩羅什」の後半だけを取り、中国では、羅什と一般に呼び習わされている。四世紀後半から五世紀初頭の訳経僧。インド人の貴族の父と、西域の亀茲国の王族の母との間に生まれ、阿毘達磨仏教から大乗に転じ、五世紀のはじめ中国に迎えられ、在俗生活の十年ほどのあいだに、多数の主要な仏典を漢訳し、多くの弟子を育て、初期の中国仏教の基礎を築いた。羅什の訳として現存するのは、『摩訶般若波羅蜜大明呪経』（『正蔵』第八巻　二五〇番）である。空海の所引の経典がこれに当たるかどうかについて古くから論争がある。それについては、後に述べる【注記】参照。

〈遍覚〉　玄奘三蔵（六〇二―六六四）の諡号。河南省洛陽の出身。中インドのナーランダー寺に遊学して、唯識をはじめ大乗仏教を学び、多くの仏典を携えて帰国し、勅命により翻経院に於いて、多数の経典の翻訳事業に従事した。漢訳仏典の翻訳史では、玄奘以降の漢訳を新訳、それ以前の訳を旧訳《くやく》ということになっている。四大翻訳家の一人。『大般若経』全六百巻などがその代表である。密教に関しても若干の翻訳があるが、いずれも短編で、さして重要なものは含まれていない。この時代にインドでは、密教が流行する兆しが多分にあったが、玄奘には密教に対する関心がそれほど存在しなかったものと思われる。玄奘訳『般若波羅蜜多心経』（『正蔵』第八巻　二五一番）。

〈義浄〉　義浄（六三五―七一三）は中国の山東省の生まれ。三十七歳の時、インドに海路渡り、爾来二十五年にわたり、戒律の研究に努め、説一切有部に関する典籍を中心に収集して帰国し、『金光明経』『孔雀経』などの経典および戒律関係の典籍を数多く翻訳した。現存する義浄訳の『般若心経』は彼の訳になるものか、後に玄奘訳に若干手を入れて、義浄の名を冠したものか疑問が残されていて、『大正新脩大蔵経』には収録されていない。玄奘訳との相違点については、本書の著作解説　五の1（五六頁）参照。

〈法月〉サンスクリット名 Dharmacandra（六五三—七四三）、東インドあるいはマガダ国の人。中インドに遊学し、三蔵に通じ、医明にも詳しく、後に亀茲国にとどまり、門弟真月（字は利言）などに教授した。さらに乞われて入唐する。『普遍智蔵般若波羅蜜多心経』（『正蔵』第八巻二五二番）並びに方術、医方、本草等の経書を訳している。

〈般若〉サンスクリット名 Prajñā?（七三四—）、没年不明。北インド境の迦畢試国すなわち罽賓国生まれ。その地は現在のカブール北方地方に当たる（頼富本宏『中国密教の研究』大東出版社　一九七九年　八頁）。二十歳にして具足戒を受け、カシミールで『倶舎論』などを学び、ついで中インドのナーランダー寺で、大乗の諸経典その他医学、工芸などを幅広く学習した。また南インドにおいて、当時流行していた『金剛頂経』をはじめ密教にも触れ、それを学んだ形跡がある。のち伝道を決意し、辛苦の末海路により中国の広州に漂着し、七八一年、都長安に入った。『六波羅蜜経』を胡語より訳し、さらに『四十華厳経』、『般若波羅蜜多心経』（利言と共訳、『正蔵』第八巻　二五三番）の訳もある。密教関係の翻訳としては、『守護国界主陀羅尼経』（『正蔵』第十九巻　九九七番）、『大乗本生心地観経』（『正蔵』第三巻　一五九番）が有名である。長安において、日本から留学して来た空海と出会い、親しく交流をもった。その没年については詳しくは分からない。空海と出会ったころ、すでに七十歳を越えた高齢であった。

〈陀羅尼集経〉十二巻　唐代　阿地瞿多訳（『正蔵』第十八巻　九〇一番）。インドの初期密教の掉尾を飾るといってよいほど内容の充実した経典。きわめてその数を増大した密教の諸尊を、仏、菩薩、天、その他の分類により整理し、それぞれの尊格の印契、陀羅尼、修法、造像の作法などを記す。般若波羅蜜多に関する十三種の印契、九種の陀羅尼などは、その第三巻に収められている。その経題は「般若波羅蜜多大心経」。その中に説かれる九種の陀羅尼のうちの一が「般若大心陀羅尼」といわれ、掲帝掲帝の偈をもつ。

【大意】『般若心経』の諸類本を掲げ、それらの間に見られる言葉の異同について述べ、この経典に関係する修法については、密教経典である『陀羅尼集経』の中に説かれていることを述べている。

この『般若心経』には数多くの翻訳がある。

その第一は、羅什三蔵の訳した『般若心経』(どの経典を指すかについては、後の注記参照)であり、今この経典によって釈を加えようとしている。

第二は、玄奘三蔵の翻訳した『般若波羅蜜多心経』であり、その経題には、「佛説摩訶」の四字がなく、「五蘊」の下に、「等」の字を加え、「遠離」の下に、「一切」の字を除き、陀羅尼に後に、功徳を記した文がない。

第三に、義浄三蔵の翻訳には、経題に、「摩訶」の字を省き、最後の真言の後に、さらに功徳について述べた文が付け加えられている。

第四に、法月三蔵の訳と、般若三蔵の訳には、いずれも序分と、流通分とが付け加えられている。

また『陀羅尼集経』第三巻には、般若心経の真言法について説かれている。経典の題名は、羅什三蔵の翻訳本と同じである。

【注記】『般若心経秘鍵』が依った『般若心経』が誰の翻訳になる経典であるかについて、古くから論議を呼んできた。空海自身は羅什訳と明言しているにもかかわらず、問題として取り上げられるわけは、現存する羅什訳と『秘鍵』の引用文との間に、相違する点が多々あるからである。

現在羅什訳とされるのは、『摩訶般若波羅蜜大明呪経』である。ところが『般若心経秘鍵』に引用されている『般若心経』の文は、羅什訳よりも、必ずしも全文が一致するわけではないが、むしろ玄奘訳に近い。

『秘鍵』において、玄奘訳を述べる際に四つの特色が挙げられている。逆に言えば、その反対が羅什訳の特色ということになる。すなわち羅什の訳には、①佛説摩訶の四字がある。②五蘊の下に、等の字がない。③遠離の下に、一切の字がある。④陀羅尼の次に功徳文がある。

ところが現存の羅什訳では、①摩訶の二字は存在するが、佛説の二字はない。②五蘊は五陰と旧訳を使い、等の字はない。③一切の二字はある。④陀羅尼の後に功徳文を付すのは、小本系の『般若心経』の特色であり、羅什訳にも、玄奘訳にも存在しないのが当然であり、この点は玄奘訳と、法月、般若などの訳との比較であろう。要するに現存の羅什訳と一致するのは、③のみである。その他、『秘鍵』の中に引用されている経典の文と、羅什訳の本文の訳語を比較すれば、旧訳と新訳との用語の相違をはじめとして、少なからぬ相違が存在する。

古くからこの問題には、注釈者たちはいろいろ頭を悩ませてきた。空海は、羅什訳と述べているが、玄奘訳に近いから、玄奘訳を羅什訳と見たのではないかという説もある。しかし空海は、玄奘訳も取り上げているのであるから、羅什訳と取り違えるということは考えられない。

済暹の『般若心経秘鍵開門訣』巻中（『正蔵』第五十七巻　三六頁中—三七頁上）には、羅什の『般若心経』の漢訳に五本あり。その一が現存の『大明呪経』であり、空海のいう羅什訳の『佛説摩訶般若波羅蜜多心経』は別本だということになる。経典の行数が十四か十七かという問題もそれにからんで起きる問題であるが、要するに済暹は、羅什訳の上に後代の誰かがその文言に手を加え、改易したのではないかという結論である。

江戸時代、智山の覚眼は、この問題に新たな挑戦を見せている。慧琳の『一切経音義』巻十（『正蔵』第五十四巻　三六九頁中—下）には、『般若心経』に関する記述として、『大明呪経』と

『般若波羅（蜜）多心経』の名が見える。現存するのは、前者の翻訳のみである。覚眼は、開元、貞元等の録には、後訳に経を挙げていないが、羅什は前訳経を訳し終えた後、再訳し、前訳を『大明呪経』と名づけ、後訳を『心経』と名づけたと記している。空海が依用したのは、後者の翻訳であろうとの説もある（坂田光全『般若心経秘鍵講義』米田補注（10）一六二頁）。

勝又俊教の説を次に紹介しよう。慧琳は空海が入唐時に長安の西明寺に住して、『一切経音義』を著作していたから両者は会う機会があったかもしれない。『一切経音義』には、羅什訳の『般若心経』が二種あり、と記されているから、それは当時認められていたのであろう。しかし訳語などの関係から見て羅什訳に二本あったとは考えられない。玄奘訳以後、何人かの手によって羅什訳をも参照しつつ玄奘訳の修正本を作り、これが羅什訳本と呼称されて、当時流布していた。空海も伝承に従って、羅什訳の名をもって依用したのであろうとの推定である（『仏典講座』32　四三九頁）。

さらにまた、最澄に『般若心経開題』（『伝教大師全集』三）がある。それが真作であるとすれば、その中の玄奘訳に三種あるという記述に勝又は注目する。これらと『秘鍵』とを対比した結果、『秘鍵』で羅什訳というのは、羅什訳を参照して修正した玄奘訳の三種のうちの一本に該当することが明らかとなるとの説を提示する（同　四四一頁）。本書一二一頁で紹介した青龍寺跡から出土した八世紀前半と推定されている「阿弥陀三尊坐像龕」の背面に彫刻された

『般若心経』は、つぎのような特色をもっている。
経題には羅什訳と同様に「佛説」が付されているが、「摩訶」はない。「五蘊」の下に「等」はない。「顛倒」の前、「遠離」の次に、羅什訳にあるという「一切」はない。空海の時代に流布していた『般若心経』の翻訳と、現存する経典の翻訳とは、必ずしも同一の経典ではなかった可能性があり、古くからの問題は完全に解明されたとは言いえない状況におかれている。

c　顕教の経典か密教の経典か

言《イツ》㆓般若心《ト》㆒者《ハ》此《ノ》菩薩《ニ》有《リ》㆓身心等《ノ》陀羅尼㆒。是《ノ》経《ノ》真言《ハ》即《チ》大心呪《ナリ》。依《テ》㆓此《ノ》心真言《ニ》㆒得《タリ》㆓般若心《ノ》名《ヲ》㆒。或《カ》云《ク》略㆓出《スルカ》大般若経《ノ》心要《ヲ》㆒故《ニ》名《ク》㆑心《ト》。不㆓是《レ》別會《ノ》説《ニ》㆒。云云　所㆑謂如《シ》㆑有《ルカ》㆓龍《ニ》之蛇《ノ》鱗《イロクツ》㆒。

「般若心と言っ者《ぱ》、此の菩薩に身心《しんじん》等の陀羅尼あり。是の経の真言は即ち大心《だいしん》呪《しゅ》なり。此の心真言《しんしんごん》に依って般若心の名を得たり。或が云く。大般若経の心要を略出するが故に、心と名づく。是れ別会《べって》の説にあらずと。云々。所謂龍《りょう》に蛇《じゃ》の（p.7）鱗《いろくず》有るが如し」

【語釈】

〈身心等の陀羅尼〉『陀羅尼集経』第三巻には、般若菩薩の十三種の印契と、九種の陀羅尼が説かれている。そのうち大心陀羅尼第十六呪と小心陀羅尼第十九呪をその中に見出すことができるが、身陀羅尼の名はない。この点について、小心陀羅尼を説いた後の呪師の作法の中に「次に般若身印を作して、前の大呪二十一遍誦せ」（『正蔵』第十八巻　八〇七頁下）とあり、この大呪を身陀羅尼と見る会通説がある。

〈別会〉別に設けられた説法の会場のこと。

【大意】　『般若心経』は一般に言われるように『大般若経』の心要、つまりエッセンスを略出したものではなく、大般若菩薩の悟りの境地を表明したものという説の論拠を出す。

『陀羅尼集経』の第三巻には、この『般若心経』に関連する般若菩薩の真言と印契などが説かれている。その経題は、「般若波羅蜜多大心経」となっていて、羅什訳のそれとほぼ同じ、

「掲帝掲帝波羅掲帝波羅僧掲帝菩提莎訶」の呪も見える。この般若菩薩には、身真言と心真言等があるが、『般若心経』の「般若心」というのは、般若菩薩の大心真言のことを指す。この大心真言によって「般若心」の名が付けられたのである。

『般若心経』は『大般若経』の心要を略出したものであるから、「心」といったので、この両経は別々に説かれたものではない、と言う人がいる。だがそのような見解は、あの巨大な龍に、小さな蛇と同じような鱗があるからと言って、龍を蛇だとは言えないように、たとい『般若心経』の中に『大般若経』に似た箇所があったとしても、それを顕教の経典だと言うことはできない。『般若心経』は大般若菩薩の大心真言の三摩地の法門を説く密教の経典なのである。

三　『般若心経』の五分科

此ノ経ニ總シテ有リ二五分一。第一ニ人法總通分。觀自在ト云ヨリ至マテ二度一切苦厄一ニ是ナリ。第二ニ分別諸乗分。色不異空ト云ヨリ至マテ二無所得故一ニ是ナリ。第三ニ行人得益分。菩提薩埵ト云ヨリ至マテ二三藐三菩提一ニ是ナリ也。第四ニ總歸持明分。故コ知般若ト云ヨリ至マテ二真實不虛一ニ是ナリ也。第五ニ秘蔵真言分。𑖐𑖝𑖸𑖐𑖝𑖸ト云ヨリ至マテ二𑖭𑖿𑖪𑖯𑖮𑖯一ニ是ナリ也。

「此の経に総じて五分有り。
第一に人法総通分《にんぽうそうつうぶん》、観自在と云うより度一切苦厄に至るまで是れなり。
第二に分別諸乗分《ふんべつしょじょうぶん》、色不異空と云うより無所得故に至るまで是れなり。

第三に行人得益分《ぎょうにんとくやくぶん》、菩提薩埵と云うより三藐三菩提に至るまで是れなり。
第四に総帰《そうき》持明分《じみょうぶん》、故知般若と云うより真実不虚に至るまで是れなり。
第五に秘蔵真言分《ひぞうしんごんぶん》、𑖐𑖝𑖸𑖐𑖝𑖸《ギャテイギャテイ》と云うより𑖭𑖿𑖪𑖯𑖮𑖯《ソワカ》に至るまで是れなり」

【語釈】

〈五分〉『般若心経』の本文を五種に分かち、それぞれに名をつけて、密教の立場からその内容について論ずる目次の役割がある。分というのは、仏典の内容の分け方のひとつの方法で、現代語では、章に当たる。

〈人法総通分〉般若を行じる人と、般若の法を総体的に通釈する章。

〈分別諸乗分〉顕教の行人の奉ずる教えすなわち乗に、五種の区別がある。これら諸乗の教えのそれぞれの要点について説く章。

〈行人得益分〉諸乗の行人の得る利益について述べる章。

〈総帰持明文〉それまで説いたあらゆる教えを一まとめにして、次の陀羅尼に帰一することを明かした章。

〈秘蔵真言分〉秘蔵真言とは、陀羅尼のこと。『般若心経』のすべては、この陀羅尼に帰すことを示した章。

【大意】『般若心経』の本文を五分割し、経文それぞれの中に含まれる深い意味を探り出し、各々が声聞、縁覚、法相、三論、天台、華厳それぞれの教えに該当することを述べ、それらがすべて最後の陀羅尼に帰るという独自の見解を披瀝する総説にあたる。

『般若心経』本文（玄奘訳『正蔵』第八巻　八四八頁下）と『般若心経秘鍵』の五分との対応関係を表にすれば、次のようになる。

- 一　人法総通分――観自在菩薩行深般若波羅蜜多時、照見五蘊皆空、度一切苦厄。
- 二　分別諸乗分
  - 建（華厳）――舎利子、色不異空、空不異色、色即是空、空即是色、受想行識亦復如是。
  - 絶（三論）――舎利子、是諸法空相、不生不滅、不垢不浄、不増不減、
  - 相（法相）――是故空中無色、無受想行識、無眼耳鼻舌身意、無色声香味触法、無眼界、乃至無意識界、
  - 二（二乗）――無無明、亦無無明尽、乃至無老死、亦無老死尽、無苦集滅道、
  - 一（天台）――無智亦無得、以無所得故。
- 三　行人得益分――菩提薩埵、依般若波羅蜜多故、心無罣礙、無罣礙故、無有恐怖遠離（一切）顚倒夢想、究竟涅槃、三世諸佛、依般若波羅蜜多故、得阿耨多羅

四　総帰持明分――故知、般若波羅蜜多是大神呪、是大明呪、是無上呪、是無等等呪、能除

三藐三菩提、

一切苦、真実不虚。

五　秘蔵真言分――故説般若波羅蜜多呪、即説呪曰、掲帝掲帝、般羅掲帝、般羅僧掲帝、菩

提僧莎訶。

1　人法総通分

第一《ノ》人法總通分《ニ》有《リ》レ五。因行證入時是《ナリ》也。言《イハ》二観自在一《ト》能行《ノ》人。即《チ》此《ノ》人《ハ》本覺《ノ》菩提《ヲ》為《ス》レ因《ト》。深般若《ハ》能所觀《ノ》法。即《チ》是《レ》行《ナリ》。照空《ハ》則《チ》能證《ノ》智。度苦《ハ》則《チ》所得《ノ》果。果《ハ》即《チ》入也。依《テ》二彼《ノ》教一《ニ》人《ノ》智無量《ナリ》。依《テ》二智《ノ》差別一《ニ》時亦《タ》多《シ》。三生三劫六十百妄執《ノ》差別是《ヲ》名《ク》レ時《ト》。頌《ニ》曰《ク》

観人修シテ二智慧ヲ一　深ク照ス二五衆ノ空ヲ一。
歴劫修念ノ者ノハ　離レテレ煩ヲ一心ニ通ス。

「第一の人法総通分に五《いつ》つあり、因行《いんぎょう》証《しょう》入時《にゅうじ》是れなり。観自在と言っぱ、能《のう》行《ぎょう》の人《にん》、即ち此の人は本覚《ほんがく》の菩提を因と為す。深《じん》般若は能所観《のうしょかん》の法、即ち是れ行なり。照空は則ち能証の智、度苦は則ち所得の果、果は即ち入なり。彼の教《きょう》に依って人《にん》の智無量なり。智の差別《しゃべつ》に依って時亦た多し。三生三劫《さんじょうさんごう》六十百妄《もう》執《じゅう》の差別是れを時と名づく。頌に曰く。

観人《かんにん》智慧を修《しゅ》して、深く五衆《ごしゅ》の空《くう》を照らす。

歴劫修念《りゃくこうしゅねん》の者は、煩を離れて一心に通ず」


【語釈】

〈因行証入時〉行人が修行を積んで、菩提心が上昇していき、悟りにいたる段階を四種に分かち、四転と称し、因、行、証、入とする。因は発心、行は修行、証は修行の果として得る悟り、入は涅槃に入ること。そこから出て、方便活動することを加えて、五転というときもある。ここで四転に、時が加わる。この場合、時は行者が修行する時間を指す。

〈能行の人〉 行をする人、行為者をいい、観自在菩薩を指す。

〈本覚〉 生きとし生けるものが、生まれつき仏であるという特性をもつこと。

〈能所観の法〉 観法する主体は、能観の行者、観法の客体は、所観の般若の法であるが、客体である般若もまた、主客に二分され、般若は能観の智を指すこともあり、所観の理のことをいう場合もある。前者は般若の用すなわち働きで、観照般若、後者は般若の体で、実相般若といわれる。この場合、般若の法は所観の理のように思えるが、密教の観点からすれば、主客一体、能と所を兼ねる法であることを明かす。

〈照空〉 経の「照見五蘊皆空」を指す。五蘊はことごとく空と明らかに見ることが、証に当たり、それはとりもなおさず般若の主体的な智慧の功能である。

〈度苦〉 経の「度一切苦厄」を指し、第四番目の入に相当する。

〈依彼教〉 第五番目の時に相当する。般若の教えによって修行する人は、小乗、大乗、密教と多岐に分かれ、それぞれが悟りにいたる時間が違う。

〈三生〉 華厳宗では、見聞位、解行位、証入位の三生を説く。修行者が行の段階を経る時の経過を表す。

〈三劫〉劫はインド人の考えた無限の時間の単位のことで、それを三倍にすれば、果てしない無限の時を表す。

〈六十百妄執〉悟りに到達するには、声聞乗では、六十劫、縁覚乗では、百劫の時が必要とされる。劫はサンスクリット語で、kalpa といい、通常は無限の時間を表すが、密教では、時間の単位とは考えないで、妄執と訳し、煩悩の量を表すとみる。

〈観人〉観は観自在菩薩のこと。『般若心経』に説かれる観自在菩薩は、菩薩であるとともに、般若の智慧を身につけるために修行する行者をも意味する。したがって人という。この場合、仏菩薩に対する人ではなく、仏道を修行するあらゆる仏と人を含む。

〈智慧〉深い般若の智慧。

〈五衆〉五蘊をいう。

〈歴劫修念者〉長い年月をかけて修行する顕教の行者と、三妄執を超越して、悟りに至る密教の行者との顕密の行者を指す。

〈離煩〉煩悩を離れること。

〈一心〉般若菩薩の悟りの究極点。

【大意】『般若心経』の冒頭の部分を、因、行、証、入の四と、時を加えた五つに分割し、その経典を説く人と、その教えである法が仏教のあらゆる分野に及ぶことを明らかにしている。

第一の人法総通分は、「因、行、証、入」という行者が修行し、悟りに至る四段階と、成仏に達する時間の遅速をいう「時」、これらを合わせた五つの部分に分かれる。

まず観自在というのは、観自在菩薩をはじめ一般の修行者を含めて、般若波羅蜜の智慧を修する人のことである。この人は、すべて本来は仏となる性質を備え持っているから、成仏の因である。

次に深般若は、観法の対象となる般若の智慧という法であるだけではなく、その法は観法する人をも含む、主体の能と、客体の所も一体となった法であるから、行となる。

照空、つまりこの現象界を成り立たせている五蘊はすべて空だと明らかに見ることは、人が主体的な智をもって証することであるから、証だといえる。

度苦、一切の苦厄に満ちた現世から、苦のない彼岸に達することは、行の結果として得られる果である。その果は、果たる涅槃に入ることであるから、入となる。

以上の四つの段階によって、発心、修行、菩提、涅槃の境地を示す。ところでこのような般若の教えの四段階の過程を踏むには、それぞれの人の智慧に数え切れないほどの違いがあり、各人の智慧の違いによって、目的に達する時間にそれぞれ差異があることはいうまでもない。

華厳宗では三生で悟りを得るといい、法相宗や三論宗では、三劫の経過が必要であるとし、声聞乗では、六十劫かかる、また縁覚乗では、百劫もかかるというように、必ずしも一定であるとは限らない。さらにまた真言宗では、劫を時間と解せず、妄執とみるから、即時に成仏しうるという。このように人の宗教的な能力によって、経過時間に差異ができる。それを時というのである。

以上の要点をとり、偈頌にまとめれば、次のようになる。

観自在菩薩で代表せられる行人が、般若波羅蜜を修し、色、受、想、行、識からなる五蘊はことごとく本性が空で、固定的な実体がないということを明らかに見る。

三生とか、三劫とかの長い時間をかけて、仏教のさまざまな教えを、修したり、思念したりする行者および劫を妄執とみて、即時に成仏することのできる密教の行者はともに、それらの行の結果として、煩悩から離脱し得て、ついに般若菩薩の悟りの一心に通じ、そこに到達することができる。

2　分別諸乗分

第二ノ分別諸乗分ニ亦タ五アリ。建絶相二一是レナリ也。

「第二の分別諸乗分に亦た五つあり。建《こん》絶《ぜつ》相《そう》二《に》一《いち》是れなり」

【大意】『般若心経』の「色不異空」より「無所得故」に至るまでの文を五段階に分かって、その間に顕教のもろもろの教えが説かれているとみる。その五種の教えとは、建と絶と相と二と一である。

建は建立如来の三摩地門、すなわち普賢菩薩の悟りの境地を説く華厳宗の教え。

絶は無戯論如来の三摩地門、すなわち文殊菩薩の悟りの境地を説く三論宗の教え。

相は弥勒菩薩の三摩地門を表す法相宗の教え。

二は声聞と縁覚、二乗の教え。

一は観自在菩薩の三摩地門を示す天台宗の教え。

3　普賢菩薩の悟り

初《ニ》建《ト》者所レ謂建立如来《ノ》三摩地門是《ナリ》。色不異空《ト云ヨリ》至《マテ》二亦復如是《ニ》一是《ナリ》也。建立如来《ト云ハ》即《チ》普賢菩薩《ノ》秘号《ナリ》。普賢《ノ》圓因《ハ》以《テ》二圓融《ノ》三法《ヲ》一為《ス》レ宗《ト》。故《ニ》以《テ》名《ク》レ之。又《タ》是《レ》一切如来《ノ》菩提心行願《ノ》之

身ナリ。頌ニ曰ク

色空本ヨリ不二ナリ。　事理元ヨリ来同ナリ。

無礙ニ融ス二三種ヲ一。　金水ノ喩ヘ其ノ宗ナリ。

「初《はじめ》に建と者《いっぱ》、所謂建立如来《こんりゅうにょらい》の三摩地門是れなり。色不異空というより亦復如《やくぶにょ》是《ぜ》に至るまで是れなり。(p.8) 建立如来といっぱ、即ち普賢菩薩の秘号《ひごう》なり。普賢の円因《えんにん》は円融《えんにゅう》の三法《さんぼう》を以って宗とす。故《かるがゆえ》に以《も》って之に名づく。又、是れ一切如来の菩提心行願《ぎょうがん》の身《しん》なり。頌に曰く。

色空本《しきくうもと》より不二なり、　事理元より来《こ》のかた同《どう》なり。

無碍に三種《さんじゅ》を融ず。　金水《こんすい》の喩《たと》え其の宗《しゅう》なり」

【語釈】

〈建立如来〉普賢菩薩を密教の立場からみれば、建立如来という。建立如来の名は、『般若理趣経』の第十一段において、毘盧遮那如来が一切平等建立如来の姿となって法を説くところから採られた名前。不空訳『般若理趣釈』に「一切平等建立如来者、是普賢菩薩之異名也」（『正蔵』第十九巻 六一五頁中）とある。普賢菩薩が円融の三法（後述）を建立するため、あるいは普賢菩薩が司る菩提心を建立するために、建立の名が付けられたともいわれる。

〈普賢の円因〉円とは大日如来の円かなる悟りの境地をいう。普賢菩薩は浄らかな菩提心の象徴であり、菩提心はあらゆる行為の因となる。したがって普賢菩薩の浄菩提心の徳は、大日如来の円かな悟りの因である。

〈円融の三法〉華厳宗では、事理無碍、理理無碍、事事無碍の三法が互いに円かに融合し、無碍であると説くことが、その教えの究極であるとする。事とは、現象界の一切の事物、理とは絶対界の真実。現象と実在の一体無碍（事理無碍）、実在と実在相互の一体無碍（理理無碍）、さらに実在を根底にもつ現象界の一切の事物と事物が一体無碍となっている（事事無碍）、これら三法が無碍であり、円かに融合しあっていると説く。

〈菩提心行願〉菩提心は一般に悟りを求める心、つまり悟りという果位に対する因位の状態の心と考えられているが、密教では悟りそのものとする果位の心ともみなされる。この菩提心に基づいて上求菩提、下化衆生の願がおこる。その願によって行が実践せられる。

〈色空本より不二なり〉色は事に、空は理に相当すると見る。しかもこの句を、色本不二、空本不二に二分する。そして色本不二とは、事事無碍、空本無碍とは、理理無碍と解し、華厳の教学によって理解を進める。

〈事理元より来のかた同なり〉 事とは現象界、理とは絶対界のことで、この句を、理事無碍の意を表すと解す。

〈無碍に三種を融す〉 事理無碍、理理無碍、事事無碍の三種が一体となって円融している状態。

〈金水の喩え〉 金獅子の喩えと、水波の喩えをいう。

金獅子の喩えは、賢首《げんじゅ》大師法蔵の『華厳金獅子章』に対して浄源が注釈した『金獅子章雲間類解』に説かれている(『正蔵』第四十五巻 六六三頁下)。黄金を素材にして作った獅子を題材にして、黄金を法界の体に、獅子を法界の用にたとえて、理(黄金)と事(獅子)の無碍円融を説く。水波の喩えは、法蔵の『華厳経探玄記』(『正蔵』第三十五巻 一一九頁上)、杜順の『華厳五教止観』(『正蔵』第四十五巻 五一一頁下)などに出る。水を理に、波を事に喩えて、水と波がそれぞれその性を失わずに融合し、無碍となる状態を説く。

【大意】 『般若心経』の本文の中、「色不異空」より「空不異色、色即是空、空即是色、受想行識亦復如是」に至る文を普賢菩薩の悟りの境地とみて、華厳宗の教理の集約されたものと解する。

分別諸乗分の五種の教えの分け方の最初の「建」とは、いわゆる建立如来の悟りの内容を説く部分である。『般若心経』の本文でいえば、「色不異空」というより「亦復如是」に至る箇所がそれに相当する。ここで建立如来というのは、普賢菩薩を密教の如来にみたてた秘密の名前である。この普賢菩薩は果位の大日如来の円かな悟りに至る因位にいます菩薩で、事理無碍、理理無碍、事事無碍の三法の相互に円融し一体となっている境地を象徴する菩薩である。この三法の円融の思想を建立するから、建立如来といわれるのである。この如来は菩提心に基づき上求菩提、下化衆生の願によって行をおこす身を持つ普賢菩薩の果位の姿で、華厳宗の教えを象徴的に示している。

偈頌によってその考えをさらに敷衍すれば、

色というも、空というも、『般若心経』に、色即是空、空即是色と説かれているように、もともと不二であり、一体である。

色に相応する事、空に相当する理もまた本来一であり、別体ではない。このように事と理の不二だけではなく、理と理、事と事、これらも無碍円融している。華厳宗で説くこれら三種の無碍円融の教えは、金獅子の喩えとか、水波の喩えでもってよく説き明かされている。

【注記】『般若心経』の中で、「色不異空、空不異色」と説く箇所を取り上げて、華厳教学の事を色に、理を空に配して、色と空、事と理の不二、さらに事理無碍、理理無碍、事事無碍の三種無碍の華厳思想が、その根底に潜むという独自の理論を展開させているところに注目せねばならない。

4　文殊菩薩の悟り

二絶者所謂無戯論如来三摩地門是也。是諸法空相至不増不減是。言無戯論如来即文殊菩薩密号。文殊利劍能揮八不絶彼妄執之心乎。是故以名。頌曰

八不絶諸戯。　文殊是彼人。
獨空畢竟理　義用最幽真。

「二《ふた》つに絶《ぜつ》と者、所謂無戯論《むけろん》如来の三摩地門、是れなり。是諸法空相というより不増不減に至るまで是れなり。無戯論如来と言っぱ、即ち文殊菩薩の密号な

り。文殊の利剣は、能く八不《はっぷ》を揮《ふる》って彼の妄執《もうじゅう》の心《しん》を絶つ。是の故に以って名づく。頌に曰く。

八不に諸戯《しょけ》を絶つ。　文殊は是れ彼《か》の人《にん》なり。
独空畢竟《どっくうひっきょう》の理、　義用《ぎゆう》最も幽真《ゆうしん》なり」

【語釈】

〈絶〉　戯論すなわち求道にとって不要な俗論を絶つ意味。以下三論宗の教えとみる。

〈無戯論如来〉　『般若理趣経』の第七段の主、文殊菩薩のこと。『般若理趣釈』（『正蔵』第十九巻　六一三頁中）に、「一切無戯論如来者、是文殊師利菩薩之異名」とあるところから採った名前である。

〈八不〉　不生、不滅、不常、不断、不一、不異、不来、不去。経文では、六不を説くに過ぎないが、この場合、六不は八不に通ずと理解されている。

〈諸戯〉　もろもろの戯論。

〈独空〉　三論宗では、相待空、絶待空、独空の三種の空を説く。何らかの対象物に対する空は相待空、その相待空を超えたところの空が絶待空、これらの相待空と、絶対空をともに超越し、言語表現を絶した本性自然の自性空が、独空と呼ばれる。
〈畢竟の理〉　究極の理。
〈義用〉　独空畢竟の理の働き、つまり般若から出る方便活動。
〈幽真〉　幽玄にして真実に達している。

【大意】　『般若心経』の「是諸法空相」というより、「不生不滅、不垢不浄、不増不減」に至るまでの経文を取り上げ、その中に文殊菩薩の悟りの境地を読み取り、それは三論宗の教えの極致を表現した箇所であると説く。

第二に、絶というのは、八種の極端な認識をいずれも否定する八不によって、迷いのもととなる戯論を断つということを意味する。その働きは無戯論如来によってなされ、この如来の悟りの境地そのものでもある。経文では、「是諸法空相」より「不増不減」までの文がそれに相当する。無戯論如来というのは、文殊菩薩が密教において授けられた名前である。文殊菩薩は、その手に持つ利剣によって、八種の極端に偏った誤った認識を断ち切る。だからこの段を、絶と名づけるのである。以上の考えを偈頌にまとめて示すと、

八種の極端な考えを否定する八不によって、迷いの原因となるさまざまな戯論を打破する。
この教えを具体的に、人で表せば、文殊菩薩となる。

この教えは三論宗に受け継がれ、深められた。そこで説かれる空は相待空、絶待空、独空の三種であるが、中でも、独空の考えは究極の理ともいうべきもので、その究極の理より生ずる般若の働きは、きわめて幽玄で、奥深く、真実に触れた思想といえよう。

【注記】『般若心経』の否定の論を展開する六種の空を説く箇所を主題とする部分であり、それをインドの中観の伝統を受けて、中国で大成した三論宗の教義で以って判ずる。したがって分別諸乗分の他の箇所のように空海独自の理解が目に付くことは少ない。

5　弥勒菩薩の悟り

三《ニ》相《ト》者所レ謂摩訶梅多羅冐地薩怛嚩《ノ》三摩地門是《ナリ》也。是故空中無色《ト云ヨリ》至《マテ》二無意識界《ニ》一是《ナリ》也。大慈三昧《ハ》以《テ》二與樂《ヲ》一為《シ》レ宗《ト》示《シテ》二因果《ヲ》一為《ス》レ誡《ト》。相性別論《シ》唯識遮《ス》レ境《ヲ》。心《ロ》只《タヽ》在《リ》レ此《ニ》乎。頌《ニ》曰《ク》

二我何《レノ》時《ニカ》断《ツ》。　三祇《ニ》證《ス》二法身《ヲ》一。

阿陀ハ是レ識性ナリ。幻影ハ即チ名ノ賓ナリ。

「三《み》つに、相と者、所謂摩訶梅多羅冒地薩怛嚩《まかばいたらぼうじさとば》の三摩地門是れなり。是故空中無色というより、無意識界に至るまで是れなり。大慈《だいじ》三昧は与楽《よらく》を以って宗とし、因果を示して誡《かい》とす。相性《そうしょう》別論し、唯識境《ゆいしききょう》を遮す。心《こころ》ただ此れに在り（乎）。頌に曰く。

二我《にが》何《いず》れの時にか断つ、三祇《さんぎ》に法身《ほっしん》を証ず。

阿陀《あだ》は是れ識性《しきしょう》なり。幻影《げんにょう》は即ち名賓《みょうひん》なり」

【語釈】

〈相〉 法の相すなわち真理が現実世界に具体的に顕現した姿や形。それについて論ずるのが法相宗。

〈摩訶梅多羅冒地薩怛嚩〉 mahāmaitreya-bodhisattva の音訳。弥勒菩薩のこと。

〈大慈三昧〉 大慈は弥勒菩薩を指す。弥勒菩薩の内証。慈に、有情縁、法縁、無縁の三種あるが、この場合の大慈は無縁の慈に当たる。『大日経』の住心品に、「大乗行あり、無縁乗心を発して法に我性無し」（『正蔵』第十八巻　三頁中）と説く。『秘蔵宝鑰』巻下（『定弘』第三巻　一五二頁）に、この文を第六他縁大乗心の典拠として挙げている。第六住心は弥勒菩薩の悟りの境地を明らかにしている。

〈与楽〉　大悲は人々の苦を抜いてそれを取り除き、大慈は人々に楽を与えるとされる。

〈因果を示して誡とす〉　善因楽果、悪因苦果の道理を戒めとす。唯識説では、阿頼耶識つまり人間の深層意識の中に、物あるいは心などあらゆる存在を生ずる力としての種子を貯えている。この種子が現象界の存在すなわち現行を生ずるという意味の種子生現行、その逆に現象界の事物が阿頼耶識の中にその影響を深くきざみつける（薫ずる）現行薫種子の因果の理を説く。

〈相性別論〉　相とは現象界にあらわれた有為の法、性とは真如の世界に属する無為の法で、相と性とは融合しない。法相宗では、真如は不動で、現象界に展開せず、現象界の万物は阿頼耶識によって起こると説く。

〈唯識境を遮す〉　唯識説では、識のみ存在し、対境は存在せずと否定する。

〈心ただ此れに在り〉　この箇所に対して、伝統的な注釈者たちはほとんど意見を加えていない。ただ、杲宝の『般若心経聞書』第五（『真全』第十六巻　一六一頁上）によれば、「（唯識）述記第一に云く。唯は謂く簡別して外境無しと遮す。識は能く了して内心のみ有りと詮す」の文を引用して注解に替えている。此れに従えば、識のみあって、外境は存在しない。「心のみあり」ということになる。現代の注釈者は、この文章についてさまざまな解釈を施していて面白い。そのうち代表的な意見を紹介してみよう。小田慈舟、勝又俊教はそれについて説明を省略している。

松本照敬（『弘法大師空海全集』第二巻　三六三頁）「心ただこれにありや」と本文を読んでいるが、その和訳の意味を十分汲み取ることができない。

頼富本宏（『日本の仏典２　空海』四二三頁）本文を疑問形に読むところは松本と同じであるが、和訳は「この世界が、心からのみ成り、外界の対象は存在しないとする。すなわち、心だけがここに存在するというのであろうか」。原文にある「乎」を小田はヨマヌと注を付している（『十巻章講説』下巻　一一九四頁）から、伝統教学では疑問詞を無視してきたものと思われる。疑問詞を生かすと、唯識無境説を否定することにならないだろうか。

福田亮成（『般若心経秘鍵』一一五頁）「そこに弥勒菩薩の教えの中心がある」と、心を中心と理解している。面白いがかなり飛躍した解釈である。

越智淳仁（『密教瞑想から読む般若心経』一三二頁）「慈氏菩薩の心は、生きとし生けるものたちに幸せを与えようとするこの慈悲の心に尽きるということである」。この解釈は飛躍しすぎているように思える。

栂尾祥雲（『現代語の十巻章と解説』三二二頁）「実にこれらを説く心は、ただその迷いを転じて楽しみを与えることに在るのである」。唯識無境を説く心と理解しているが、原文からそこまでの意味を引き出すことが可能であろうか。

坂田光全（『般若心経秘鍵講義』六九頁）「心外の境は妄なりと遮してただ識のみ存すとの唯心の義を説き、以って心のみ唯一の存在だと説くのがこの相宗の旨趣である」。

〈二我〉 人我と法我。人我とは、五蘊によって仮に存在するに過ぎない人の身体に、常に我が存在すると誤って執着すること。煩悩障ともいわれる。法我は、現象界に存在するものすべてが、実在すると誤って執着すること。所知障ともいわれる。

〈三祇〉 三大阿僧祇劫の省略形。無限の年月。

〈法身〉 この場合、自性法身に限らない。『唯識論』第十二に、自性、受用、変化の三法身を説き、これら三身に通ずる法身とみる。杲宝『般若心経秘鍵聞書』第五（『真全』第十六巻 一六一頁下）、頼瑜『秘鍵開蔵鈔』巻下（同 三九頁上下）、宥快『般若心経秘鍵鈔』第八（同 三一七頁下）。

〈阿陀〉 阿陀那（ādāna）識の略。執持識《しゅうじしき》ともいう。第八阿頼耶識《あらやしき》のこと。阿頼耶識は、前七識の所依《しょえ》となる基体であるから、識性という。

〈幻影〉 唯識説の依他起性《えたきしょう》（注記参照。唯識の三性説の一、外界に存在するものは実体がなく、因縁によって生起しているに過ぎないとみる）は、名も実もともに仮であるから、幻であり、影であるという。幻も影も、依他起性の八喩の中に含まれる。
〈名賓〉 名は実に対して仮、賓は主に対しては仮、いずれも実体に欠けることを表す。『定弘』は「名の賓」と読むが、「名賓」と改める。その読み方について、杲宝の注釈では、「賓と名づく」という読み方もあるのではないかとの質問を提示するが、「依他の法は如幻にして有名無実の故に、名という。または賓と云う。よって名賓とは二の喩なり」とその説を退ける（杲宝『般若心経聞書』第五『真全』第十六巻 一六三頁上下）。この箇所について異なった読みはこれだけで、すべて実に対する名、主に対する賓とみて、「名賓」を理解している。したがってここでは「名の賓」とは読まない。

【大意】 『般若心経』の「是故空中無色」より「無意識界」に至るまでを取り上げ、そこに弥勒菩薩の悟りの境地を見出し、法相宗の教義を読み込む。

第三に相というのは、現象界の一切の事物の姿、形すなわち相について究める法相宗の教えが主題となり、それは弥勒菩薩の悟りの内容をなすものである。経文では、五蘊、十二処、十八界がいずれも空であると説く「是故空中無色」から「無意識界」に至るまでの文がそれに該当する。

弥勒菩薩の悟りである大慈の三昧は、人々に楽を与えることを目的とし、善因によってよい結果がもたらされ、悪因によってよくない結果を引き起こす道理を示して誡めとしている。

また教えとしては、相と性、すなわち現象と実在の区別を論じ、それらは互いに融合することなく、現実世界の一切の事物は、ただ識の転変に過ぎず、実体があるのではないと否定する。つまり外界は存在せず、ただ心のみありとするのが、法相宗の教えだといえよう。

以上の要点を偈頌にしてまとめると、
我《が》が存在すると固執したり、この世に存在するものが実在すると誤って思い込んだり、こういった執着が迷いの根源であるのだが、いつになれば人々は、これらの執着を断ち切ることができるのであろうか。

それは三大阿僧祇劫という無限の歳月をかけて六度の万行を修行し、五十二の階梯を踏み、唯識観を行じ、初めて四智、三身の功徳を身につけることができる。

すべての経験を潜在意識として保持する阿頼耶識こそあらゆる識の根源となる識であり、この現世に存在するものは、幻や影のように実体のないもので、実に対する名、主人に対する客人のように仮の存在なのである。


【注記】『般若心経』のこの部分は、五蘊、十二処、十八界を固定的に実体視する考えを否定する箇所であるが、空海はその中で識に注目し、この部分について万物を識の転変と捉える法相宗の教えの披瀝であると見做す。

眼、耳、鼻、舌、身の五感（根）をつかさどる五識と意識を加えた六識は、部派仏教でも説かれている。唯識学派では、この六識の上に、第七識として末那識《まなしき》を、第八識として阿頼耶識を建てる。末那識は深層に潜む自我意識であり、阿頼耶識は個人存在の根底となる識で、そこを場として万物を生ずる種子《しゅうじ》を内蔵しているので、蔵識ともいわれる。

前五識、第六識、末那識、阿頼耶識が転じて、仏の四智となる。転識得智《てんじきとくち》という。前五識は成所作智《じょうそさち》に、第六識は妙観察智《みょうかんざっち》に、末那識は平等性智《びょうどうしょうち》に、阿頼耶識は大円鏡智《だいえんきょうち》に、それぞれ転ずとされる。

唯識法相宗の教義に、三性説《さんしょうせつ》がある。現象世界のあり方についての三種の性質を認める。遍計所執性《へんげしょしゅうしょう》とは、外界に存在するものを実在すると誤って考える性質、依他起性《えたきしょう》とは、万物は因縁によって生起するもので、固定的な実体は存せず、ただ現象として現れているとみる性質、円成実性《えんじょうじつしょう》とは、円かに完成している真実の性という意味で、主観と客観とをともに離れた悟りの境涯をいう。

6　声聞と縁覚の悟り

四二者唯蘊無我抜業因種是也。是即二乗三摩地門也。無無明至無老死盡即是因縁佛之三昧。頌曰

風葉知因縁。輪廻覺幾年。
露花除種子。羊鹿号相連。

無苦集滅道。此是一句五字即依聲得道之三昧。頌曰

白骨我何在。青瘀人本無。
吾師是四念。羅漢亦何虞。

「(p.9) 四《よ》つに二と者、唯蘊無我《ゆいうんむが》、抜業因種《ばつごういんしゅ》是れなり。是れ即ち二乗の三摩地門な

り。無無明というより、無老死尽に至るまで、即ち是れ因縁佛《いんねんぶつ》の三昧なり。頌に曰く。

風葉《ふうよう》に因縁を知る。輪廻幾《いくばく》の年にか覚る。

露花《ろけ》に種子《しゅじ》を除く。羊鹿《ようろく》の号相連《なあいつらな》れり。

無苦集滅道、此れ是の一句五字は、即ち依声得道《えしょうとくどう》の三昧なり。頌に曰く。

白骨《はっこつ》に我何《がいずくん》か在る。青瘀《しょうお》に人本《ひともと》より無し。

吾が師は是れ四念《しねん》なり。羅漢《らかん》亦何《いずくん》ぞ虞《たの》しまん」


【語釈】

〈二〉二乗すなわち声聞乗と縁覚乗。

〈唯蘊無我〉『大日経』住心品に、「唯蘊無我を解し、根境界に淹留《えんる》修行す」（『正蔵』第十八巻三頁中）とあり、空海はこの箇所を声聞乗に配する。声聞はただ五蘊の法は実在すと理解するので、唯蘊という。しかし人我は仮に和合しているに過ぎず、本来存在しないと考えるので、無我といい、両者を重ねて、声聞乗を表す。

〈抜業因種〉『大日経』住心品に、「業煩悩の株杌《ちゅうこつ》たる無明の種子《しゅうじ》、十二因縁を生ずるを抜く」（前掲同頁）とあり、この箇所を縁覚乗に当てる。「抜業因種」のうち、業は悪業、因は十二因縁、種子は無明の種子とす（『十住心論』第四）。この部分は縁覚乗に配す。

〈因縁仏〉縁覚のこと。師によらずに独りで覚るから独覚と、十二因縁を観じて覚るから、縁覚あるいは因縁覚ともいう。覚と仏は同じbuddhaというサンスクリット語の訳語の相違である。

〈風葉に因縁を知る〉縁覚は風に吹かれて落ちる葉を見て、世の無常を観じ、無常の根源は十二因縁の無明にありと知り、その無明を断ずることによって阿羅漢の位を得る。

〈輪廻幾の年にか覚る〉無限の歳月をかけて生死を輪廻する衆生は、いつの日か悟りに至りつくことができようか。

〈露花に種子を除く〉先の風葉に対して露花。露と花何れもはかないいのちの喩え。同じく無常を指している。「露花」を露と花と見るか、露に会ってしぼむ花とみるか二説あり。風葉と対句と見れば、後者の説となる（頼瑜『秘鍵開蔵鈔』巻下『真全』第十六巻　四一頁）。

「種子」はこの場合、無明の種子。したがってここでは、「しゅうじ」と読むべきであるが、伝統教学の読みでは、密教の「しゅじ」に従う四声点が付されているため、ここではそれに従った。

〈羊鹿〉羊は声聞、鹿は縁覚の喩え。『法華経』の譬喩品に説く羊、鹿、牛の三車の喩えから採る。

〈依声得道〉仏の声を聞いて、四聖諦の理を悟り、三生六十劫の修行をなして、阿羅漢の果を得る、声聞乗。

〈白骨〉声聞が貪欲を退治する観法である五停心観の中の不浄観の一。それに死相、脹相、青瘀相、膿爛相、壊相、血塗相、虫食相、骨鏁相、分散相の九相観がある。白骨はこの中の骨鏁相に当たる。

〈青瘀〉九相観の三番目。死体が風に晒されて腐り、青黒くなるのを観想する。

〈四念〉身、受、心、法の四念処。われわれが日常生活において、誤った考えを起こす四種の対象。そこで身は不浄、受は苦、心は無常、法は無我であると観じて、常、楽、我、浄の四種の誤った固定的な考えから離れる。

〈羅漢〉サンスクリット語の arhat の単数主格形の arhan の音訳（阿羅漢）の省略形。供養するに相応しいの意味から、応供《おうぐ》とも、煩悩の賊を殺すの意味から、殺賊《せつぞく》とも、再びこの世の生を受けないの意味から、不生ともいわれる。声聞、縁覚の二乗が修行の結果得られる最高の位であるが、まだ仏には達しえない。


【大意】『般若心経』の「無無明」から「無老死尽」に至るまでの文を縁覚の教えに配当し、

また「無苦集滅道」の五字を声聞の教えに見たてる。

四番目に、二というのは、唯蘊無我心と抜業因種心との二であって、縁覚と、声聞の二乗の悟りの境地を説き明かした箇所である。そのうち「無無明」から「無老死尽」までの経文が、縁覚の悟りの境地である。そのことを偈頌でもってまとめると、

縁覚乗の人々は、風に吹かれて散ってゆく木の葉を見ては、世の無常を観じ、因縁の道理を知る。

このような人が、どれほどの長い年月をかけて修行すれば、悟りに行きつくことができようか。

朝露も太陽にあってたちまち消え去り、美しく咲いている花のいのちもきわめて短い。それらのはかなさを見て、世の無常を悟り、いつまでもそのままでありたいという思いが、無明にもとづくことを知り、その無明の種子を取り除くことによって、縁覚の悟りに到達する。

この鹿の車に喩えられる縁覚と、羊の車に喩えられる声聞、これら両者をならべて、二乗と呼ぶのである。

次に経文の「無苦集滅道」の一句五字は、仏の声を聞いて道を得た声聞の悟りの境地を示すものである。偈頌によってその大要を示すと、

人が死ねば白骨になる。そのようになれば、生きている間は執著し、大切に思っていた我は

いったい何処に行ってしまったのだろうか。

どす黒く汚れた死体に、人はもとより存在しない。常、楽、我、浄の四種の顚倒を離れるために、身は不浄で、受は苦で、心は無常で、法は無我であると観ずる四念処観は、声聞の人たちにとって、範とするわが師であるといってよい。

かくして得た阿羅漢の果実も真の悟りには程遠く、本当の悟りの楽しみというわけではない。

【注記】『般若心経』の該当部分は、空の立場から見れば、十二因縁もなければ、十二因縁の尽きるところも無し、さらに苦、集、滅、道の四聖諦も無しと、それらの初期仏教の基本的な教説に対する固定的なとらわれに対する批判である。ところが『秘鍵』では、これらの十二因縁と四聖諦を取り上げて、縁覚と声聞の二乗の教説を説く箇所と認める。

7　観自在菩薩の悟り

五《ニ》一《チト》者阿哩也嚩路枳帝冒地薩怛嚩之三摩地門《ナリ》也。

無智《ト云ヨリ》至《マテ》二無所得故《ニ》一是《ナリ》也。此《ノ》得自性清浄《ノ》如来《ハ》以《テ》二一道清

浄妙蓮不染開示衆生抜其苦厄。智擧能達得名所證。既泯理智強以一名。法華涅槃等攝末歸本教唯含此十字。諸乗差別智者察之。頌曰

觀蓮知自浄。見菓覺心徳。

一道泯能所。三車即歸默。

「五《いつ》つに一と者、阿哩也嚩路枳帝冒地薩怛嚩《ありやばろきていぼうじさとば》の三摩地門なり。無智というより無所得故に至るまで是れなり。此の得《とく》自性清浄《じしょうしょうじょう》如来は、一道清浄妙蓮不《いちどうしょうじょうみょうれんふ》染《ぜん》を以って、衆生に開示して其の苦厄《くやく》を抜く。智は能達《のうだつ》を挙げ、得《とく》は所証《しょしょう》に名づく。既に理智を泯《みん》ずれば、強《あなが》ちに一《いち》の名を以ってす。法華涅槃等の摂末帰本《しょうまつきほん》の教《きょう》、唯此の十字に含めり。諸乗の差別《しゃべつ》、智者之を察せよ。頌に曰く。

蓮《はちす》を観じて自浄《じじょう》を知り、菓《このみ》を見て心徳《しんとく》を覚る。
一道《いちどう》に能所《のうじょ》を泯《みん》ずれば、三車《さんじゃ》即ち帰黙《きもく》す」

【語釈】

〈阿哩也嚩路枳帝冒地薩怛嚩〉 サンスクリット語に直せば、āryāvalokite(śvara)-bodhisattva となるが、括弧内の語が欠けている。聖観自在菩薩のこと。

〈得自性清浄如来〉 不空訳の『般若理趣釈』巻下（『正蔵』第十九巻 六一二頁上）に、「得自性清浄法性如来とは、是れ観自在王如来の異名。則ち此の仏を無量寿と名づく。如来若し浄妙仏国土に於いて、現に仏身を成じ、雑染五濁の世界に住すれば、則ち観自在菩薩とす」とあるところから、法性という語は欠けているけれども、観自在菩薩の果位の如来と見做され、その秘号とされる。

〈一道清浄妙蓮不染〉 観自在菩薩が三昧耶形として、その左手に持つ、未開花の蓮華すなわち未敷《みぶ》蓮華のことをいう。それは衆生が本来所有している清らかな菩提心を象徴し、このような理を、一道無為とも、一道清浄ともいう。蓮華は泥の中に咲いて、その泥に染まらない。そのように衆生が本来備えている仏心は、俗世の汚泥に染まることはない。

〈開示〉　諸注釈書には、この「開示」を『法華経』の方便品に説く四仏知見の、開、示、悟、入の中の先の二者を示し、後を省略したと見る。頼瑜『秘鍵開蔵鈔』巻下（『真全』第十六巻四三頁上）、宥快『般若心経秘鍵鈔』第八（同　三三六頁下）等。

〈其の苦厄を抜く〉　先に弥勒菩薩の働きを、与楽とし、ここで観音菩薩の役目を、抜苦として対照させた。

〈智は能達を挙げ、得は所証に名づく〉　経文の「無智亦無得」の智と得を対置させ、智を主体の能、得を客体の所である理に配す。

〈理智を泯ずれば、強ちに一の名を以ってす〉　客体の理、主体の智、この両者を対立的に見る考えを無くすれば、不二にして、一となる。経文の「無」の解釈として、理智の不二なる一を引き出す。

〈摂末帰本〉　末は三乗教、本は一乗教。『法華経』と『涅槃経』がともに声聞乗、縁覚乗、菩薩乗の三乗を包含した一乗に帰す教えだという。吉蔵の『法華遊意』巻上（『正蔵』第三十四巻六三四頁下）に、一根本法輪、二枝末法輪、三摂末帰本法輪の三法輪の教判を説く。この第三に、『法華経』と『涅槃経』を入れる。

〈蓮を観じて自浄を知る〉　蓮華が泥の中にあっても、清らかな美しい花を咲かせるように、自心が本来清浄であることを知る。

〈菓を見て、心徳を覚る〉 蓮華の一つの果実の中に、根茎花葉等になる素材を含み持つように、一心の中にも、さまざまな功徳を併せ持つ。蓮華を観じて、自心の本来持つ特性を自覚すること。

〈一道〉 法華一乗を一実とも一道ともいう。

〈能所を泯ず〉 主客の対立を滅ぼす。

〈三車〉 羊、鹿、牛の三種の車。声聞、縁覚、菩薩それぞれの乗を指す。

〈帰黙す〉 声聞、縁覚、菩薩の三乗も、法華一乗、一実の教えに従う。天台宗の教義では、三車の他に大白牛車を立て、最上位に置く。

【大意】 『般若心経』の「無智亦無得　以無所得故」の箇所を取り上げ、聖観自在菩薩の悟りの境地とみて、天台宗の教理を当てる。

第五に、一というのは、聖観自在菩薩の悟りの境地を象徴的に表現したものであり、一道清浄という教えの、一を取って名づけたのである。経文で見れば、「無智」というより「無所得故」に至るまでがそれに該当し、その中に天台宗の教えが集約されていると見る。

その教えは、観自在菩薩が悟りの位につかれた時の秘密の名である得自性清浄如来の姿となって、一道清浄の理として衆生に向かって説かれたもので、それによって人々の苦しみは取り除かれる。一道清浄の理とは、一切衆生の本来的にもつ仏性が、泥中に於いても清らかに咲く蓮の花のように、浮世の垢に染められずに清浄であることを表している。

経文に「智もなく、得も無し」と説くのは、主体的な立場をいう「智」も、客体的な立場を指す「得」と同義の「理」も、本来的には存在せず、不二であるというのが、天台宗の教えで、それを「一」の名で示したのである。

『法華経』や『涅槃経』のような、三乗の教えをまとめて一乗に集約したとみなされる経典の教えは、「無智亦無得　以無所得故」の十字の中にことごとく含められている。三乗のそれぞれの教えの違いについては、智慧ある人よ、十分検討して知っておいて欲しいものである。以上の考えを偈頌によってまとめて示せば次のようになる。

蓮華が泥中にあって、其の汚泥に染まらず、清らかな花を咲かせるように、人の心も、俗世の汚濁の中に生きて、日夜煩悩にさいなまれていても、本来清浄であることを知り、

蓮華の果実の中に、すでに根となり、茎となり、葉となり、花となる素材がぎっしり詰まっていることを見て、人の心の中に、全世界に存在するすばらしい功徳が、ことごとく備わっていることに気付く。

法華一乗の一道清浄心は、主客の対立を滅した境地であることを悟れば、羊、鹿、牛の三車すなわち声聞、縁覚、菩薩の三乗に帰依している人々も、言葉を失って沈黙し、大牛車に比す

べき天台の教えに信服し、帰一する事になる。

【注記】『般若心経』の十字にまとめられた段は、本来的には主体の智もなく、客体の得すなわち理もない、もともと無所得なのだからという思想を説く箇所である。『秘鍵』では、この智も得も無しという言葉の中に、智と理の不二を読み取り、理智不二、一道を説く天台の教義の説示であると見做す。

四　行人得益分

第三行人得益分有二。人法是也。初人有七。前六後一。随乗差別薩埵有異故。又薩埵有四。愚識金智是也。次又法四。謂因行證入也。般若即能因能行。無礙離障即入涅槃。能證覺智即證果。如文思知。頌曰

行人數是七。重二彼之法。

圓寂将菩提　正依何事乏。

「第三の行人得益分に二つあり。人法《にんぼう》是れなり。初めの人に七つあり。前の六つ、後の一つなり。乗の差別《しゃべつ》に随って、(p.10) 薩埵に異《い》有るが故に。又薩埵に四つ有

り。愚《ぐ》、識《しき》、金《こん》、智《ち》、是れなり。次に又法に四つあり。謂く因、行、証、入なり。般若は即ち能因能行《のういんのうぎょう》、無碍離障《むげりしょう》は即ち入涅槃《にゅうねはん》、能証《のうしょう》の覚智《かくち》は即ち証果《しょうが》なり。文《もん》の如く思知《しち》せよ。頌に曰く。

行人の数は是れ七つ。重二《じゅうに》彼《か》の法なり。

円寂《えんじゃく》と菩提と　正依《しょうえ》何事《なにごと》か乏しからん」

【語釈】

〈行人〉　経文の「菩提薩埵」は行人を指す。

〈前の六〉　建、絶、相、二、一、すなわち華厳、三論、法相、声聞、縁覚、天台それぞれの教えを奉ずる六宗の行人。

〈後の一〉　後述の秘蔵真言分の真言行者。

〈愚識金智〉　愚、識、金、智の四種の人をどのように区別して理解するかについて、宥快の『般若心経秘鍵鈔』第九に、「古来四種の薩埵其の義分明ならず」（『真全』第十六巻　三四四頁下）と記されているように、諸説が混在していた。その原因は、典拠とすべき経典すなわち不空訳『五秘密儀軌』には、「愚、智、金剛」の三種（『正蔵』第二十巻　五三九頁上）、論書の『大日経疏』第一には、「愚童、有識、菩提」の三種（『正蔵』第三十九巻　五八二頁下）と、いずれも三種を挙げるにとどまっていて、四種の人について、直接の典拠を見出しえないからである。

古来の学匠の中では、
第一説は、愚―愚童凡夫、識―有識つまり二乗、金―金剛薩埵つまり真言宗、智―菩薩つまり大乗諸教とみる説。覚鑁『略註』（『正蔵』第五十七巻　一七頁上）、済暹『開門訣』（『正蔵』同　四五頁中）、頼瑜『開蔵鈔』（『真全』第十六巻　四五頁上）。

第二の説は、愚―愚童凡夫、識―小乗と大乗、金―真言宗、智―仏と解する説。宥快『秘鍵鈔』第九（同　三四四頁下）。

第二説は真済記の『高雄口決』（『弘法大師諸弟子全集』巻中　二四六頁）の「薩埵に四種あり、愚薩埵　凡夫也、識薩埵　二乗、金剛薩埵　菩薩、智薩埵　仏」とある記述を典拠にしている。この場合、大乗諸宗を金剛薩埵に入れる点は、第一説と異なるが、智薩埵を行人ではなく、仏とみる点に注目して、採用したものである。

現代の諸学匠の意見も分かれている。第一説に従うのは、勝又、頼富、松本。越智（一五九頁）は、智薩埵とは、金剛薩埵の胸にある金剛杵より流出して衆生のために活動する者とみて、法身・大日如来は金剛薩埵に、受用身と変化身が智薩埵に当たると『金剛頂経』の五相成身観を引用して説明している。第一説に近い。

第二説を取るのは、坂田。両説を併記して結論を保留しているのは、吉祥、小田。第一説によりつつ、三に智薩埵（顕教諸宗）、四に金剛薩埵（真言宗）と順序を入れ替えたのは、栂尾、福田。『般若心経秘鍵』の内容、あるいは『十住心論』の構成を参照して、愚―第一ないし第三住心、識―第四と第五住心、智―第六ないし第九住心、金―第十住心と、智と金の順序を入れ替えて配する考えである。

〈重二〉因と行の二、証と入の二、これらの二と二が重なることから、重二という。

〈円寂と菩提〉円寂は涅槃の意訳、究竟の真実の理、菩提はその理を証する智とされる。

〈正依〉正報である能住の仏身と、依報である所住の浄土。菩提という智の果を得た仏と、其の仏が住する涅槃寂静の理の果。

【大意】 般若を行ずる人が得る利益を挙げ、その利益が人と法とに二分される。その人に七種あり、法に四種あり、それぞれを開いて、内容を説き明かす。

第三の行人得益分は、それを行ずる人の部門と、行ずる対象となる法の部門の二種に分かれる。そのうち人には七種の区別がある。すなわち前に述べた、建（華厳）、絶（三論）、相（法相）、二（声聞、縁覚）、一（天台）の六乗の行人と、後に説明する真言乗の行人とである。教えが別々であって、その教えに従って行ずる薩埵（人）も異なるからである。

その薩埵もまた、愚童凡夫（愚童薩埵）、声聞縁覚（有識薩埵）、法相、三論、天台、華厳のいわゆる四家大乗（智薩埵）、真言（金剛薩埵）の四種類の行者に分かれる。

つぎにまた法についていえば、因、行、証、入の四種に分かれる。第三の行人得益分は、行者の果としての証と入とを説けばよいのであるが、般若は悟りの当体であり、それを行じて始めて、果としての証と入とがあるのであるから、ここでは四種をともに説くのである。

経文の「依般若波羅蜜多故」の箇所についていえば、般若は悟りの智慧そのものであるから、因であり、またその般若を行ずるところからいえば、行でもある。

経文の「心無罣碍、無罣碍故無有恐怖、遠離一切顚倒夢想、究竟涅槃」は般若の因と行とによって、心の中に執着や煩悩がなくなり、無碍自在になったがために、生死の恐怖を脱し、真実に対するあらゆる偏見や迷いの心からすっかり抜け出すことができて、涅槃の境地に入ることが、入である。

経文の「三世諸仏依般若波羅蜜多故、得阿耨多羅三藐三菩提」つまり三世の諸仏が般若波羅蜜多の法によって、無上の正等菩提を得るという箇所は、証果に当たる。

これら因、行、証、入の法については、『般若心経』の経文を参照して、よくその深い意味に思いを廻らすべきである。以上の趣旨を偈頌にまとめると、次のようになる。

行人の数は、声聞、縁覚、三論、法相、天台、華厳、真言の七である。法についていえば、因、行、証、入の四種となる。

その四法の中の涅槃と菩提とは、正報としての仏身、依報としての浄土いずれにも具わっていて、欠ける点がまったくない。

五　総帰持明分

第四總歸持明分又三。名體用。四種呪明擧名。真實不虛指體。能除諸苦顯用。擧名中初是大神呪聲聞真言。二縁覺真言。三大乘真言。四秘蔵真言。若以通義一一真言皆具四名。略示一隅。圓智之人三即歸一。頌曰

總持有文義　忍呪悉持明
聲字與人法　實相具此名

「第四の総帰持明分に、又三つあり。名体用《みょうたいゆう》なり。四種の呪明《しゅみょう》は名《な》を挙げ、真《しん》実不虚《じつふこ》は体《たい》を指し、能除諸苦《のうじょしょく》は用《ゆう》を顕《あらわ》す。名を挙ぐる中に、初めの是大神呪は

声聞の真言、二つには縁覚の真言、三つには大乗の真言、四つは秘蔵の真言なり。若し通の義を以っていわば、一一の真言に皆四名《しみょう》を具す。略して一隅を示す。円智《えんち》の人《にん》、三即帰一《さんそくきいち》せよ。頌に曰く。

総持《そうじ》に、文義忍呪《もんぎにんしゅ》あり。悉く持明《じみょう》なり。

声字と人法《にんぼう》と、実相とに此の名を具す」

【語釈】

〈総帰持明〉文字通り解釈すれば、総すなわち全体が、持明すなわち真言に帰すの意味であるが、全体とは何を指すのか、持明とはどの部分であるかについて、古くから論議がある。済暹の『開門訣』には、「一切の顕教所説の教理と行果をもって、皆悉く遂に真言宝処曼荼羅究竟果海の法に帰入せしむ」（『正蔵』第五十七巻　四五頁下―四六頁上）とある。その意味するところは明白である。

頼瑜の時代には、異説が出ていたようである。『秘鍵開蔵鈔』には、「総帰持明とは、前の三分の散言を摂し、文義等の四総持に帰す。第五の秘蔵真言には非ず」（『真全』第十六巻　四七頁下）。

宥快は諸説を整理して、三種に分けている（同　三五〇頁下）。一は頼瑜の説。二は第三の行人得益分のみが持明に帰す。諸乗の行人は般若によって果を得るから般若是大神呪等と呪明に帰着するのであると理由を付している。三は文義忍呪の四種の呪明に帰し、第五の真言持明ではない、と道範等の義であるとことわって挙げている。ついで宥快の『秘鍵鈔』は、帰す対象が四種の呪明か、第五の真言持明かの問題について、諸説を挙げる。

現代の注釈者の中でこの問題に特に触れているのは、吉祥真雄（『般若心経秘鍵講義』一六五頁）、小田慈舟（『十巻章講説』一二一三―一二一四頁）である。両者とも人法総通分以下の三分に説かれる人法が、秘蔵真言に帰すという点で一致している。「六宗を総括して秘蔵真言に帰入する義」との釈（坂田光全『般若心経秘鍵講義』八九頁）が妥当であろう。

〈名体用〉　名前と本質とその効用。経文は名用体の順になっている。

〈四種の呪明〉　大神呪（mahāmantra）、大明呪（mahāvidyāmantra）、無上呪（anuttaramantra）、無等等呪（asamasamamantra）の四種の真言。

〈三即帰一〉　他の三隅を一隅に集約し。簡略化する。

〈総持〉　サンスクリット語の dhāraṇī の意訳。詳しくは注記参照。

〈持明〉　サンスクリット語の vidyādhara の訳。もともと明呪の不思議な威力をもてるものの意味で、パワーにあふれた忿怒尊とか、そのような力を持った陀羅尼を指すことになった。

【大意】　第四の総帰持明分は、前述の二乗から顕教の五宗にいたる教理と行果は、ことごとく秘蔵真言に帰入するという趣旨を説き明かす。経文で言えば、「故知般若波羅蜜多、是大神呪、是大明呪、是無上呪、是無等等呪、能除一切苦、真実不虚」に該当する。

この経文の中には、名と体と用の三種のカテゴリーが説かれている。まず大神呪等の呪明（明呪）は、名である。真実不虚は、その本質である。能除一切苦は、その効能に当たる。

名として上げた四種の呪明は順次に、最初は声聞、第二は縁覚、第三は大乗、第四は秘蔵、それぞれの真言に配することができる。とはいっても、全体的な見地からいえば、それぞれ共通する性格を持っているから、それぞれ一つの真言が四種の真言の名を兼ね備えているといってもよい。煩雑になるから省略してその一端だけを示したまでである。一を聞いて十を知る円満な知恵を具えた人は、三隅を一隅にまとめ簡略化して、その深い意味を知って欲しいものである。

偈頌をもって以上の趣旨を述べると、次のようになる。

総持つまり陀羅尼は、文、義、忍、呪の四種に分かれるが、それらすべてが明呪の神秘的な力を具え持っている。

現実世界の全存在は、声、文字、人、法、実相の五種の中にすべて収まる。そしてこれら五種にそれぞれ四種陀羅尼の名が具わっている。

【注記】　陀羅尼と真言と明呪について

一般に陀羅尼、真言、明呪は、同じような意味を持つと、現在では受け取られている。しかしそれぞれもとの言葉が違うように、その起源は別である。そのうち真言（mantra）の用例が古く、ヴェーダ文献では、神々に対する賛歌、ないし呪文の意味に用いられていた。

また明呪（vidyā）は、もともと学問、科学の意味であるが、それとともに呪文の意味も併せ持っている。これらの真言と呪文との混用は古く、『般若心経』でも、サンスクリット語では、mantraであるが、神呪と漢訳されている。ただ第二番目のvidyāmantraは、vidyāに配慮した明呪という訳語が用いられている。

一方、陀羅尼（dhāraṇī）は、漢訳では、「持」とか「総持」と意訳されるように、もともと精神を統一し、心を一点に集中する意味を持った言葉であった。それが時代とともに、精神集中の結果として得られる不思議な効果から、真言ないし呪文と同一視されるようになった。『法華経』のもとの部分にはなく、竺法護訳の『正法華経』に、初めて陀羅尼呪が見出されるところから、陀羅尼と呪との同一化は、遅くとも三世紀頃であったと考えられる（『松長有慶著作集』第一巻　八七頁）。

四種陀羅尼について

陀羅尼の機能を四種に分ける考え方は、『瑜伽師地論』巻四十五（『正蔵』第三十巻　五四二頁下）に、法（dharma）、義（artha）、呪（mantra）、能得菩薩忍（bodhisattvakṣāntilabha）の名で説かれる。同種の四種陀羅尼は、曇無讖訳の『菩薩地経』巻八（『正蔵』同　九三四頁上）、求那跋摩訳の『菩薩善戒経』巻七（『正蔵』同　九九六頁中、ただしそのうちの呪陀羅尼が辞陀羅尼と名が変わっている）にも現れる。

四種陀羅尼の中で、法陀羅尼は、経典の文章を常に持して忘れないこと、義陀羅尼は、経典の意味を常に持して忘れないこと、呪陀羅尼は、呪文の効力を高めるために三昧の自在を得る陀羅尼で、能得菩薩忍陀羅尼は、菩薩の無生忍すなわち悟りの智慧を獲得する陀羅尼である。（四種陀羅尼の性格とその意味の変遷について、氏家覚勝『陀羅尼思想の研究』東方出版　一九八七年　が詳しく叙述している。）

これらの四種陀羅尼は、第一の法と文と名は違うが、『般若心経秘鍵』の総帰持明分に説かれる文、義、呪、忍の四種の総持と同様の枠組みの陀羅尼とみてよい。空海は他の著作において、法、義、呪、忍の四種陀羅尼を取り上げている。この場合もそれを意識していると考えられる。

空海は『梵字悉曇字母并釈義』（『定弘』第五巻　一〇二―一〇三頁）において、『瑜伽師地論』

や『仏地経』(瑜伽仏地等の論)の四種陀羅尼を引用した後に、「これらは人に約して説いたものであり、若し密蔵の義で、法に約して、四種陀羅尼を釈すれば」として、次のように説いている。

「一は、この一字の法能く諸法のために自ら軌持となって一字の中において一切の諸法を任持せり。是れを法陀羅尼と名づく。二は、この一字の義の中に、一切の教えの中の義趣を摂持せる、是れを義陀羅尼と名づく。三は、この一字を誦する時に、能く内外の諸災患を除し、乃至究竟の安楽の菩提の果を得る、是れを呪陀羅尼と名づく。四には、若しは出家にまれ在家にまれ、若しは男にまれ、若しは女にまれ、日夜分の中に於いて一時二時乃至四時に、この一字を観念し誦習する時は、能く一切の妄想の煩悩業障等を滅して、頓に本有菩提の智を証得す。是れを能得忍陀羅尼と名づく」

『般若心経秘鍵』の総帰持明分の偈頌に出る「文義忍呪」が、『瑜伽師地論』の四種陀羅尼であることが分かると、次にその読み方が問題となる。テキストでは、高野山の三宝院写本と親王院蔵の刊本を底本として校訂出版した『定本弘法大師全集』に従って、「総持に、文義忍呪あり、悉く持明なり」と読む。しかし高野山では伝統的に「総持に文義あり。忍呪悉く持明なり」と読み慣わしてきた。それは一頌四句の各句を完結して読むしきたりに従ったものと思われる。

『般若心経秘鍵』に関する注釈書類の中で、現在すでに出版されている書物において調べてみると、この両方の読み方がなされている。とはいえそれら出版本の底本となった写本まで、現在筆者が検討することはできないから、それらの返り点、送り仮名の付け方が確実だとは断定し得ない。しかし諸注釈書の中で、この箇所に触れていないものを除くと、読み方はともあれ、内容の点では、四種陀羅尼と理解している点では共通している。

しかし一頌四句それぞれを完結して読むことに固執する意見（坂田『般若心経秘鍵講義』の補注者の説　同　一六三頁）では、印融の『秘鍵文筆抄』の「抑そも大師の高判を安ずるに、序の釈に於いては雑筆の体を用い、頌の文に於いては作文の法を要す。而るに近代の学者、此の事を知らず。悲しまざるべからず。歎かざるべからず」（『続真』第二十巻　二七一頁）を引き、文義忍呪を一つに読む説を排している。印融の意見が、この当該箇所ではなく、奥付に書かれているため、具体的に何を言おうとしているか、さほど明確ではない文を挙げて、当該箇所の読み方に非を鳴らす反論者の意図は汲み取りがたい。

空海は作詞作文する場合、返り点や送り仮名を付して漢文や漢詩を製作したわけではない。そのままの形で作り、理解したに違いない。したがって二句にわたって文意が分かれていても、なんら問題はなかった。返り点や送り仮名を付して、漢文を読み慣わしたのは、後の注釈者たちである。

空海の他の著作の中の偈頌の部分で、二句あるいは三句にわたる意味を持つ文あるいは詩はいくつもある。『秘鍵』だけにおいて、一句五字の中に文意を限られることもなかろう。ほとんどの注釈者が、いかに読んだかは別として、この箇所を、文義呪忍の四種陀羅尼と解していることは当然のことである。

一句完結の誤った固定観念に縛られて、「総持に文義あり。忍呪悉く持明なり」と読んだ人たちは、一つには、一句と二句の連結に困惑した。二つには、持明の意味を正確に理解できなかった。「総持には、文義に代表され、忍呪を加えて四種となる区別があり、これら四種の総持は、悉く持明ともいわれる」と苦しい解釈を施さざるをえなかった。吉祥真雄の『般若心経秘鍵講義』(一六七頁)には、「普通は〈総持に文義あり、忍呪悉く持明なり〉と訓読するが、是れは、〈総持に文義等の四種ありて、忍呪等の四種悉く持明なり〉という風に、影略互顕したものと解すればよい」という会通説が示されている。

また多くの注釈者は、最後の「持明」を総持と同義語として処理する。確かに同義語であるに違いはないが、空海作の偈頌の半偈の最初と最後に、同義語に言い換えたとしても同種の言葉を配するのは、他にあまり多くの例を見ない。この持明を単に総持と同義語として処理するよりも、同義語ではあるが、この持明は本来の語の意味を生かそうとした使用例と見做したほうがよいのではなかろうか。

吉祥真雄の「総持に文義忍呪の四種あるが、四種倶に云わるべき功用のあるものだとの意である」との説明に注目すべきであろう。吉祥がここで「功用」と言ったのは、持明を意識したものかどうかは断言しえないが、持明の持つ原意に近い。持明のサンスクリット語 vidyādhara は、不思議な効力を具え持つ呪文という働きを重視した意味を含んだ言葉で、そこから陀羅尼と同義語と見做されるようになった。空海もその点を意識して、持明の語を使用したものと思われる。単に総持と同義語と見るだけでは、本来の意図を見誤ることになりかねないのである。

このように見ると、空海が四種陀羅尼を、人でなく法に約して理解せよと述べた『梵字悉曇字母并釈義』の解釈（前掲）が生きてくる。以上の点を考慮して、この偈頌に関する栂尾祥雲の現代語訳は深く練られた訳文と思われるので『現代語の十巻章と解説』（四二頁）から、次にその部分を借用して提示しよう。

「あらゆるものを総持する陀羅尼は
　一字に一切の文を総持し一義に一切の義を総持し
一法に一切法を忍持し一声に一切験を摂持す
　この文義忍呪の四は悉くこれ持明である。
声字は文の躰にして実相は義の躰であり
　人は忍の躰にして法は呪の躰である。

されば声と字と人と法と実相との
これらは各々に総持の名を具している」

六　秘蔵真言分

第五ノ秘蔵真言分ニ有リレ五。初ノ𑖐𑖝𑖸ハ顕シ二声聞ノ行果ヲ一二ノ𑖐𑖝𑖸ハ挙ケ二縁覚ノ行果ヲ一三ノ𑖢𑖐𑖝𑖸ハ指シ二諸大乗最勝ノ行果ヲ一四ノ𑖢𑖭𑖽𑖐𑖝𑖸ハ明シ二真言曼荼羅具足輪円ノ行果ヲ一五ノ𑖤𑖺𑖠𑖰𑖭𑖿𑖪𑖯𑖮𑖯ハ説ク二上ミノ諸乗究竟菩提証入ノ義ヲ一。句義如シレ是。若シ約シテ二字相義等ニ一釈セハレ之ヲ。有リ二無量ノ人法等ノ義一歴ヘテモレ劫ヲ難シレ尽シ。若シ要聞ノ者ハ依テレ法ニ更ニ問ヘ。頌曰

真言ハ不思議ナリ。観誦スレハ無明ヲ除ク。
一字ニ含ミ二千理ヲ一即身ニ証ス二法如ヲ一。
行行トシテ至リ二円寂ニ一去去トシテ入ル二原初ニ一。

三界ハ如シ二客舎ノ一。一心ハ是レ本居ナリ。

「第五の秘蔵真言分に五つあり。初めの𑖐𑖝𑖸は声聞の行果《ぎょうか》を顕《あら》わし、二の𑖐𑖝𑖸は縁覚の行果を挙げ、三の𑖢𑖯𑖐𑖝𑖸は諸大乗最勝の行果を指し、四の𑖢𑖯𑖭𑖽𑖐𑖝𑖸は真言曼荼羅具足《ぐそく》（p.11）輪円《りんねん》の行果を明かし、五の𑖤𑖺𑖠𑖰𑖭𑖿𑖪𑖯𑖮𑖯は上《かみ》の諸乗究竟《くきょう》菩提証入の義を説く。句義是《かく》の如し。若し字相義等に約して之を釈せば、無量の人《にん》法《ぽう》等の義あり。劫《こう》を歴《へ》ても尽くし難し。若し要聞《ようもん》の者は法に依って更に問え。

頌に曰く。

真言は不思議なり。観誦《かんじゅ》すれば無明を除く。

一字に千理を含み、即身に法如《ほうにょ》を証す。

行行《ぎょうぎょう》として円寂《えんじゃく》に至り、去去《ここ》として原初に入る。

三界は客舎《きゃくしゃ》の如し、一心は是れ本居《ほんこ》なり」

【語釈】

〈秘蔵真言分〉　この場合の「秘蔵」というのは、第四までの内容が顕教で、第五の内容が密教だということではなく、経典のすべてが般若菩薩の悟りの境地の表明であるから、密教である。ただ第五分は具体的な真言が説かれているから、秘蔵真言の名が付けられたという。以上のような趣旨の説明は、古くからの注釈書にしばしば見出され、現代の伝統的な教学にも継承されている。

〈𑖐𑖝𑖸〉　gate は動詞 gam の過去分詞 gata の女性形 gatā の呼格。行き着いたものよという意味。一方、gata の於格とみて、行ける時にという理解もあるが、採らない。密教の立場からすると、悟りに到達したもの。

〈行果〉　伝統的な解釈によれば、ga は行く、te はサンスクリット語の ta という基字から変じた te で、tathatā すなわち如如に、e すなわち自在 īśvara を加えた如如自在の意味を含むから、行果なのだという（杲宝『聞書』『真全』第十六巻　一一八頁上、宥快『秘鍵鈔』同　三五八頁上、頼宝『秘鍵東聞記』『続真』第二十巻　一七〇頁下、覚眼『撮義鈔』同　三一九頁上　等）。

〈𑖢𑖿𑖨𑖐𑖝𑖸〉　pragate は、現存の梵本では、paragate（彼岸に到達せるものよ）となっている。

〈𑖢𑖿𑖨𑖭𑖲𑖐𑖝𑖸〉　prasugate は現存の梵本では、parasaṃgate（彼岸にまさに到達せるものよ）である。

これらの相違については、後の注記参照のこと。

〈具足輪円〉　輪や円のようにあらゆる特質が完全に具わっていること。
〈字相義〉　字相とは物事の表面から見た形。字義とは物事の意味。それより転じて、字相は表面的な観察に終始する顕教の見方、字義は物事の本質を直接的に把握する密教の観点として用いられることもある。
〈要問の者〉　不審を抱く者の意であるが、ここでは真言の道を要《もと》め、秘密の法を聞くことを欽《ねが》う人を指す。（宥快『秘鍵鈔』『真全』第十六巻　三六〇頁上）。
〈法に依って〉　密教の行法作法を学び修した上で、その規則や法則に従っての意味。
〈真言は不思議なり〉　この句を初めとする四句一頌は、一行の『悉曇字母表』の中の五十字門の功徳を嘆じた文からの引用である、と智山の覚眼が述べ（『撮義鈔』）、その説に従う解説が少なくない。しかしこの一行撰の字母表は、写本と江戸時代の刊本しか残されていない。印刷本はまだない。筆者未見。田久保周譽『批判悉曇学』（第一論説篇　一九七八年再版　真言宗豊山派宗務所　七八頁上）は、その撰者を、一行ではなく空海と見做している。村岡（二八六頁）も、一行の字母表が音韻の整わない点から偽書とみる。
〈観誦〉　心に観想し、口に読誦する。
〈法如〉　法身真如、つまり真実の理。
〈行行〉〈去去〉　gate には、行くと去るの両方の意味があり、ここでは両義を分けて使う。

〈円寂〉寂静な悟りの世界。

〈原初〉存在の原点。

〈三界〉欲界、色界、無色界。迷いの世界全体をいう。

〈一心〉般若菩薩の悟りの心。


【大意】 二乗から大乗の顕教のすべての教えと行果が、般若菩薩の悟りの境地を示した最後のgate等の四種の真言呪の中に含まれる。そこで秘蔵真言分と名づけられた。

『般若心経』の本文では、「故説般若波羅蜜多呪、即説呪曰」より「菩提莎訶」に至るまでがそれに相当する。まず般若波羅蜜多の呪を、五つの部分に分け、諸乗の行果として示す。

初めのgateは、声聞の行果を顕す。

第二のgateは、縁覚の行果を挙げる。

第三のpragateは、諸大乗の最勝の行果を指す。

第四のprasugateは、曼荼羅が円のように完全な特性や功徳を備えもつような真言乗の行果を明らかにする。

第五のbodhisvāhāは、以上に述べた諸乗の究竟位の悟りに入ることを説く。

一一の句の意味は以上のようになる。もし一一の文字の表面的な意味や文字に秘められた深い意味に沿ってこれを解釈するならば、人に関しても、法に関しても、計り知れない意味を含め持っている。どれほど永い年月をかけても語りつくすことはできない。若し疑問を持つものがいるならば、真言密教の行を修し、学を修めた上で、真言の法則に従ってこれを問い、さらに源底を究めるがよい。次にそれらを偈頌にまとめて述べる。

真言の功徳はきわめて優れたものであって、われわれの普通の認識をはるかに超えている。この真言を観想し、あるいは読誦すれば、迷いや苦しみの根源となる無明を取り除いてくれる。

真言の一字一字には、無量無辺の真理が含まれている。

したがって真言を観想し、読誦することによって、この現実の生きている生身の体そのままに、そこに真実の世界を現出して、自身が仏に他ならないことを悟る。

真言の gate には、「行く」と「去る」の二つの意味がある。「行く」の意味に解せば、悟りに向かって一歩一歩進んで行き、ついに円やかな寂静の仏の世界に至りつく。また「去る」の意味にとれば、迷いの世界から去り、存在の原点ともいうべき原初の世界に入る。

このような悟りの世界から見れば、この現実世界は仮の住家に他ならない。住すべき本当の住家は、われわれがもともと所有している菩提心すなわち一心に他ならないのである。

【注記】第五秘蔵真言分に説かれている真言は、『般若心経』の現存する梵本の記載と、若干異なっている。これについて、古くから論議がなされてきた。空海の誤写と見る説。あるいは依用した梵本の相違とする説。第二の梵本の相違説に、新しい意見が加わった。米田弘仁の見解（坂田『般若心経秘鍵講義』補注（13）一六三―一六五頁）を要約すると、次のようになる。

『秘鍵』の第五秘蔵真言分に掲載されている真言と、現存の梵本の当該箇所の真言が相違するのは、第三 pragate が現存本では paragate と、第四の prasugate が現存本では parasaṃgate となっている二点である。『秘鍵』の第三の諸大乗「最勝」の行果は pra を、また第四の「真言曼荼羅具足輪円」は prasu を念頭に入れて解釈したのではないか。（ただ補注者はここで prasu を prasaṃ と思い違いしているので訂正を加える）。つまり現存の梵本の paragate であれば param（彼岸に）gate（到達した者よ）となるが、『秘鍵』の解釈では pragate の pra（上に、前に、甚だ）の接頭語を生かした最勝を採用している。さらに第四の su（よく、よい）prasu（さらによい）の意味を、真言の行果に生かしている（筆者）。

（以下は補注者の見解）次に空海は、経典の題目の「波羅蜜多」を、pramita と記しているところから pāra と pra とを混同していた可能性もありうるが、その一方でその参照した般若心経の陀羅尼が、pragate prasaṃgate であったことを間接的に証明する資料が存在する。

その資料とは、慧林の『一切経音義』であり、その巻十には、羅什訳『般若波羅（蜜）多心経』の陀羅尼の「般囉」に音注して「梵字　亦た是れ二合なり」（『正蔵』第五十四巻　三六九頁下）と記されていることである。この「二合」とは、陀羅尼の「般囉」の梵字が二文字一音節のparaではなく、一文字一音節のpraであったことを意味しており、これによってpragate, prasugate（この部分筆者訂正）と記された陀羅尼を有する般若心経が当時現存していた、ということが理解される。

空海は延暦二十四年二月に西明寺の永忠の故院に留住しており、（『御請来目録』）、その頃、慧林は西明寺に住して『一切経音義』を製作していた（景審の序に記載されている）。両者が出会った可能性はきわめて高い。また『秘鍵』が依用する般若心経が「佛説摩訶般若波羅蜜多心経」と題する羅什の訳本（現存せず）であり、『一切経音義』には、『大明呪経』とは異なる羅什訳の『般若波羅（蜜）多心経』の音注が記されていることなども両者に共通する事柄である。

以上、米田説を長々と引用したが、空海の別本所持の可能性を予想させる見解である。

七　問答形式の補説

1　真言を説くか説かぬか

問フ陀羅尼ハ是レ如来ノ秘密語ナリ。所以コノユヘニ古イニシヘノ三蔵諸ノ疏家皆ナ閉チレ口ヲ絶ツレ筆ヲ。今マ作ル二此ノ釋ヲ一深ク背ケリ二聖旨ニ一。如来ノ説法ニ有リ二二種一。一ニハ顯二ニハ秘。為メニ二顯機ノ一説キ二多名句ヲ一為メニ二秘根ノ一説ク二總持ノ字ヲ一。是ノ故ニ如来自ラ説キ玉ヘリ二𑖀字𑖮𑖳𑖽字等ノ種種ノ義ヲ一。是レ則チ為ニ二秘機ノ一作ス二此ノ説ヲ一。龍猛無畏廣智等亦タ説ケリ二其義ヲ一。能不ノ之間タ在リ二教機ニ一耳ノミ。説キレ之ヲ默スレ之ヲ並ニ契ヘリ二佛意ニ一。

「問う。陀羅尼は是れ如来の秘密語なり。所以《このゆえに》古《いにしえ》の三蔵諸《もろもろ》の疏家《しょけ》皆口を閉じ、筆《ふんで》を絶つ。今此の釈を作る。深く聖旨《しょうし》に背けり。如来の説法に二種あり、一つには顕、二つには秘。顕機の為に多名句《たみょうく》を説き、秘根《ひこん》の為に総持の字を説く。是の故に如来自ら𑖀字・𑖄字等の種々の義を説きたまえり。是れ則ち秘機の為に此の説を作《な》す。龍猛《りゅうみょう》、無畏《むい》、廣智《こうち》等も亦、其の義を説けり。能不の間、教機に在り耳《のみ》。之を説き、之を黙する、並びに佛意《ぶっち》に契《かな》えり」

【語釈】

〈三蔵〉仏教の経、律、論の三種類の蔵に収められている一切の典籍の内容に通じた僧の意味で、高僧に対する尊称。ここでは、羅什三蔵や玄奘三蔵を指す。

〈疏家〉注釈書すなわち疏を書いた人をいう。

〈顕機〉顕教の器を持つ人。

〈多名句〉多くの文字を連ねた文章。

〈秘根〉秘密の教えを受け付ける機根、すなわちそのように高度な宗教的能力を持つ人。〈秘機〉も同じ意味。

〈龍猛、無畏、廣智〉龍猛は南インドにおいて鉄塔に入り、大日如来が金剛薩埵に伝授した密教を、現実の世界にもたらし、宣布した、密教伝持の初祖。大乗仏教の龍樹と同一視されるが、その系統を引く龍猛は二世紀から後に幾人も出世し、その名を継承した。

無畏は善無畏（Śubhakarasiṃha）の略称。中インドの人、後に中国に入り、『大日経』七巻を漢訳し、その注釈書である『大日経疏』二十巻を講述した。

廣智は不空金剛の僧名。インド人の血を引き、主として『金剛頂経』系統の密教典籍を多く漢訳し、積極的な密教宣布活動によって、中国社会の各階層の間に、密教を定着させるのに尽力した。これらの密教を相承した祖師の活動と思想については、松長有慶『密教―インドから日本への伝承―』（中公文庫440）に詳しい。

〈能不の問〉　陀羅尼を説くか、説かないかの違い。

【大意】　『般若心経秘鍵』の主題は、第五秘蔵真言分までで終わる。以下はこの主題の中で、詳しく論じ得なかった問題を、二つの問答形式によって補説する。

第一の問答は、陀羅尼などの密語の内容を説き明かすのは、仏の御心に背くのではないか。第二の問答は、顕教の経典である『般若心経』の中に秘義ありと説くことは、無理ではないか、等々の疑問と、それに対する答えがともに挙げられている。

これらの質疑が実際に、提出されたものかどうかは分からない。空海の著作では、このような問答形式で論旨を展開させ、あるいは内容の補足、もしくはさらなる充実を図った例が少なくない。この場合は主要のテーマを改めて取り出し、その真意を再確認しようとする意図が読み取れるのである。

第一の問い。第五分において、𑖐𑖝𑖸《ギャテイ》等の真言陀羅尼の意味を説いたことに、不審の意が表される。すなわち陀羅尼は如来の秘密語であって、昔から、翻訳に当たった三蔵と称される高僧たちや、多くの注釈者たちは、それについて語らず、文章にはされなかった。それにもかかわらず今この『般若心経秘鍵』が世に出され、その中であえて陀羅尼の意味が説かれている。そのことは、深く仏の本意に背くことになるのではなかろうか。

答え。如来が説かれた教えには、顕教と密教の二種類あり、衆生に宗教的な能力の差があるので、別々に示されている。その中で顕教を受け取る能力しかない人たちには、多くの文字や言葉を重ねて、やっと一字一句の内容だけを表わす多名句を説かれた。それに対して密教を受け取ることのできる器を持つ人には、一字に千理を含む真言陀羅尼を説かれた。それゆえ如来自ら『大日経』や『守護国界主陀羅尼経』などの経典に、a字とかoṃ字等の真言が持ついろいろな秘密の意味を述べられている。このことはとりもなおさず密教を学ぶ資格を備えた者には、秘義も解き明かすことができるということである。

また密教の阿闍梨たち、たとえば龍猛は、『菩提心論』の中に、善無畏は、『大日経疏』の中に、不空は、『仁王般若陀羅尼釈』の中に、真言の字義を釈している。それを説くか、説かないかは、その真意を正しく受け取ることのできる人がいるか、いないかによって決まる。したがってそれを説いて示すか、それとも黙して語らないかは、どちらにしても仏の御心にかなっているといってよいであろう。

【注記】『大日経』巻二（『正蔵』第十八巻　一〇頁上）に、「阿字門一切諸法本不生故」を初めとする二十九字門が説かれている。

龍猛の『菩提心論』（『正蔵』第三十二巻　五七四頁上）では、『大日経』の意をうけて、「夫れ阿字と者、一切諸法本不生の義なり」という。

善無畏の『大日経疏』巻七（『正蔵』第三十九巻　六五一頁下）には、「経に云く。いわゆる阿字門一切諸法本不生の故にと者、阿字は是れ一切法教の本なり。凡そ最初に口を開くの音皆阿声有り。若し阿声を離るれば則ち一切の言説なし。故に衆声の母とす。云々」

『守護国界主陀羅尼経』巻第九（『正蔵』第二十巻　五六五頁下）には、om字がa、u、maの三字の和合よりなり、a字は菩提心、諸法門、無二、諸法果、性、自在、法身等の義で、u字は報身の義、ma字は化身の義であると説いている。

不空訳『仁王般若陀羅尼釈』（『正蔵』第十九巻　五二二頁―五二四頁）には、諸陀羅尼の釈が述べられている。

2　顕教と密教

問《フ》顕密二教其《ノ》旨天《ハルカニ》懸《ハルカナリ》。今《マ》此《ノ》顕経《ノ》中《ニ》説《ク》秘義《ヲ》不可《ナリ》。醫王《ノ》之目《ニハ》觸《レテ》途《ニ》皆《ナ》藥《ナリ》。解寶《ノ》之人《ハ》礦石《ヲ》見《ル》寶《タカラト》。知《ルト》與《ト》不《ル》知《ラ》何《タ》誰《レカ》罪過《ソ》。又《タ》此《ノ》尊《ノ》真言儀軌觀法《ハ》佛《ケ》金剛頂《ノ》中《ニ》説《玉ヘリ》。此《レ》秘《カ》中《ノ》極秘《ナリ》。應化《ノ》釋迦在《イマシテ》給孤園《ニ》為《メニ》菩薩天人《ノ》説《玉フ》畫像壇法真言手印等《ヲ》。亦是《レ》秘密《ナリ》。陀羅尼集経《ノ》第三《ノ》巻《キ》是《レナリ》。顕密《ハ》在《リ》人《ニ》聲字《ハ》即《チ》非《ナリ》。然《トモ》猶《ヲ》顕《カ》中《ノ》之秘秘《カ》中《ノ》極秘《ナリ》。淺深重重耳《マクノミ》。

「問う。顕密二教其の旨《むね》、天《はるか》に懸《はるか》なり。今此の顕経《けんぎょう》の中に秘義を説く不可なり。医王の目には途《みち》に触れて皆薬なり。解宝《げほう》の人《にん》は礦石《こうしゃく》を宝と見る。知ると知らざると何誰《たれ》が罪過《ざいか》ぞ。又此の（p.12）尊の真言・儀軌《ぎき》・観法は、佛《ほとけ》金剛頂の中に説きたまえり。此れ秘が中の極秘なり。応化《おうけ》の釈迦、給孤園《きっこおん》に在《いま》して、菩薩天人の為に、画像《えぞう》・壇法《だんぽう》・真言・手印《しゅいん》等を説きたまう。亦是れ秘密なり。陀羅尼集《だらにじっ》経《きょう》の第三の巻《まき》是れなり。顕密は人にあり。声字は即ち非なり。然れども猶《なお》、顕が中の秘、秘が中の極秘なり。浅深重重耳《まくのみ》」

【語釈】

〈医王〉この場合、医学、薬学の心得のある人。

〈解宝の人〉宝石の真贋の見分けのできる人。

〈金剛頂〉広い意味での『金剛頂経』に属する不空訳の『修習般若波羅蜜菩薩観行念誦儀軌』一巻（『正蔵』第二十巻　六一〇頁下―六一四頁上）には、般若菩薩の真言、儀軌、観法を説く。

〈応化の釈迦〉釈尊は歴史上の人物をいう応化身、密教では変化法身に当たる。

〈給孤園〉中インドの舎衛城（シュラーヴァスティー）に住み、貧しく孤独な人々に食べ物を給したところから、その名が付けられた給孤独長者が寄贈した祇園精舎のある所。

〈画像〉仏菩薩などの画像の画き方。

〈壇法〉修法のための壇の築き方。

〈手印〉　手に結ぶ印契のこと。

〈陀羅尼集経〉　『陀羅尼集経』の第三巻（『正蔵』第十八巻　八〇四頁下―八〇八頁中）。

【大意】　密教と顕教との違いはきわめて大きく、両者の間に横たわる距離はたいそう長い。『般若心経』は顕教の経典であるにもかかわらず、その中に密教の秘説を説くと主張するのはおかしいのではないか、という疑問が発せられる。それに対する答えが提示される。すなわち同じものでも、それを顕と見るか、密と見るかは、それを見る人の見方による。今までの注釈者たちが、眼がなくて、顕教の経典だと見ていても、それがただちに正しいというわけではない。

たとえば道に生えている草を見て、何も知らない人は雑草だと見過ごしてしまう。ところが医学、薬学に通じた人は、同じ草をみて、それがある病に効く薬草であると判断できる。雑草か、それとも薬草かは、その草の価値が違うわけではなく、それを見て判断する人の能力の差による。また宝石の目利きができる人は、転がっているなんでもない石ころの中から、宝石が取れることが分かる。なんでもないものの中に比類ない価値が潜んでいることを、知っているか、知らないか、これらを比べてみると、どちらの方に過失があるか、いうまでもないことである。

また般若菩薩の真言、儀軌、観法などについては、法身如来によって『金剛頂経』の中に説かれている。さらに応化身の釈尊も、般若菩薩の画像、壇法、真言、印契などの密教の修法をお説きになられた。このことは秘密ではあるが、『陀羅尼集経』第三巻の中に見ることができる。

要するに顕密の違いを判定するのは人の方に責任があり、声や文字で判断するのは間違いである。なお顕教の中にも陀羅尼のような秘教の部分もあり、密教の中にも秘と極秘とがある。このように秘密も浅い深いがあり、重重の差があることはいうまでもないのである。

【注記】　一般の人は『般若心経』を大乗仏教の空を説く顕教の経典だと見ている。それに対して空海は、それを般若菩薩の悟りの境界を明かした密教の経典だと主張する。その新しい見解に対して当然批判や異論が出ることは予想されるところである。

それらの疑点について空海は、『般若心経秘鍵』の本文に相当する正宗分の始まる直前の大意序の最後と、正宗分の終わった直後に、問答形式で、その疑点に答える。それは突き詰めて言えば、顕教に対して密教がどういった特質を持つかということを要約して叙述した、とみることができる。

顕密を対弁して、密教の特色を鮮明にしようとした著作として、『請来目録』、『弁顕密二教論』などがある。いずれも空海が中国から帰国してそれほどの年月の経過を経ていない時期に書かれたもので、とくに『弁顕密二教論』は、新しく将来した密教の諸経典をあげ、それらを検証として、密教の顕教に対する特色を鮮明に打ち出している。

それらの顕密の対弁姿勢に比べて、『般若心経秘鍵』の中での顕密観には、むきになった対決姿勢が見られない。むしろおだやかに顕教に対して密教が持つ特性を諄々と説いて聞かせるようなゆとりの姿勢が感じとられる。この点から見ても、本書は密教の宣布活動が終盤にさしかかった空海の円熟期の著作とみてよい。

大意序と秘蔵真言分のそれぞれ最後に付せられている顕密問答は、整理すると、密教の持つ特質のうち、次の二点を強調した叙述とみることができる。すなわち密教はそれを受けるにふさわしい機根（宗教的な能力）を備えた者だけに理解されるという点が、その一である。すなわち「聖人の薬を投ぐること、機の深浅に随い、賢者の説黙は時を待ち、人を待つ」（本書一〇七頁）、「如来の説法に二種あり、一つには顕、二つには秘。顕機の為には多名句を説き、秘根の為には総持の字を説く」（本書一九七頁）がそれにあたる。

その二は、存在するものは変わらないが、同じものをある人は顕と見、他の人は密と見る。それを判定する眼の相違だということである。「如来の説法は一字に五乗の義を含み、一念に三蔵の法を説く」（本書一〇七頁）、「医王の目には、途に触れて皆薬なり。解宝の人は礦石を宝と見る。知ると知らざると何誰が罪過ぞ」（本書二〇二頁）などである。
顕密の対弁思想を鋭角的に打ち出した『弁顕密二教論』では、密教の顕教に対する特色として、法身の説法、果分可説、即身成仏、教法の殊勝の四点を挙げ、それぞれを裏付ける典拠を提出する。これらの四点とは、真理そのものを仏身と見る法身も説法する（法身説法）、悟りの境地（果分）も説くことが可能である（果分可説）、現実の身体のままに成仏することができる（即身成仏）、密教の功徳は大きい（教法の殊勝）である。

先に述べた『秘鍵』に要約して示された顕教に対する密教の二つの特質は、『弁顕密二教論』では、その基調とはなっているが、取り立てて顕密対弁の項目とはなっていない。むしろ『弁顕密二教論』の最後の箇所で簡単に述べられた「二種の秘密」を、『秘鍵』はさらに展開したとも考えられる。『弁顕密二教論』では、

「所謂秘密に二義あり。一は衆生の秘密、二は如来の秘密なり。衆生は無明妄想を以って、本性の真覚を覆蔵《ふぞう》するが故に衆生の自秘と曰う。応化の説法は機に逗《かな》って薬を施す。言《ことば》不虚なるが故に。所以に他受用《たじゅゆう》身は内証を秘して其の境を説かず。則ち等覚は希夷《けい》し、十地も離絶す。是を如来の秘密と名づく」（『定弘』第三巻　一〇九頁）とある。

『秘鍵』に示された密教の特色の第一は、如来の秘密に相当し、第二は衆生の秘密に当たると見てよいであろう（二種の秘密については、松長『密教』岩波新書179　六五―六九頁参照）。

空海は密教を新しく将来し、その価値を一般に認識させる必要のあった時代には、それを理論的に解明し、一般に同意をえる必要があった。しかし密教が日本におおむね定着し、受け入れられていた時代には、一切の存在の中に他に比較し得ない価値を見出す、密教の包容的な性格を打ち出す方向に論の矛先が向けられたと見てよいであろう。

八　流通分

我依テ二秘密真言ノ義ニ一
一字一文遍シ二法界ニ一
翳眼ノ衆生ハ盲メシヒテ不スレ見ヘ。
灑ソヽイテ二斯ノ甘露ヲ一霔ヲス二迷者ヲ一。
般若心経秘鍵

「我　秘密真言の義に依って
一字一文法界《ほうかい》に遍じ
翳眼《えげん》の衆生は盲《めし》いて見えず。

略シテ讃ス二心経五分ノ文ヲ一。
無終無始ニシテ我カ心分ナリ。
曼儒般若ハ能ク解クレ紛。
同ク断シテ二無明ヲ一破セン二魔軍ヲ一。

略して心経五分の文《もん》を讃す。
無終《むじゅう》無始にして我が心分《しんぶん》なり。
曼儒《まんじゅ》般若は能く紛《ふん》を解く。

斯《こ》の甘露を灑《そそ》いで迷者を霑《うるお》す。同じく無明《むみょう》を断じて魔軍を破《は》せん」

般若心経秘鍵

【語釈】

〈心分〉一心の分位。

〈翳眼〉心の目に障りをもつ者。

〈曼儒〉文殊師利菩薩。

〈般若〉般若菩薩。

【大意】最初の四句一頌は、『秘鍵』を讃嘆し、後の四句一頌は、注釈の元になる『般若心経』の徳を称賛する。

私はここに、『般若心経』を密教の経典であるとする見解に立ち、およそ『般若心経』を五分段に分けて、その内容を讃嘆しつつ講述した。経文の一一の文字や、一一の文章は悉くみな法曼荼羅であるから、空間的には全宇宙に遍満し、時間的にも無始無終で極まりがない。そしてそれはとりもなおさず、私の一心の分位に他ならないのである。

心の目にかげりを持つ人々は、そのようなことに気がつかず、煩悩にまとわれて苦しみ悩んでいる。文殊菩薩や般若菩薩はこのような迷える人々の精神的なさわりを取り除かれるために、この経典が持つ甘露のような教えを示して、迷い苦しむ人たちをお救いになる。

私自身もまた他の人々も同じように、内には無明煩悩を断ち切り、外には襲いかかる悪魔の軍勢を打ち破り、悟りの境地にともに安住したいものである。

般若心経秘鍵

九　上表文

于レ時弘仁九年《ノ》春天下大疫《ス》。爰《ニ》帝皇自《ミ》染《メ》二黄金於筆端《ニ》一握《テ》二紺紙《ヲ》於爪掌《ニ》一奉《リ玉フ》三書二寫《シ》般若心経一巻《ヲ》一。予《ヨ》範《ノトテ》二講讀之撰《ニ》一綴《ツヽル》二経旨《ノ》之宗《ヲ》一。未《タ》ルニレ吐《カ》二結願《ノ》詞《ヲ》一蘇生《ノ》族《ヤカラ》亍《タヽスム》レ途《ニ》。夜《ヨ》變《シテ》而日光赫《カク》赫《カクタリ》。是《レ》非《ス》二愚身《カ》戒徳《ニ》一金輪御信力《ノ》所為《ナリ》也。但《シ》詣《セン》二神舎《ニ》一輩《ラ》奉《ルヘシ》レ誦《シ》二此《ノ》秘鍵《ヲ》一。昔《シ》予《ヨ》陪《ヘテ》二鷲峯説法之莚《ムシロニ》一親《タリ》聞《キヽ》二是《ノ》深文《ヲ》一。豈《アニ》不《ン》レ達《セ》二其《ノ》義《ニ》一而已《ノミ》。

入唐沙門空海上表

「(p.13) 時に弘仁九年の春、天下大疫す。爰《ここ》に帝皇自ら黄金を筆端に染め、紺紙を爪掌《そしょう》に握って般若心経一巻を書写し奉りたもう。予《よ》講読の撰に範《のっと》って、経旨の宗《むね》を綴る。未だ結願の詞《ことば》を吐かざるに蘇生《そしょう》の族《やから》途《みち》に亍《たたず》む。夜変じて日光赫々《かくかく》たり。是れ愚身が戒徳に非ず。金輪御信力《きんりんぎょしんりき》の所為なり。但し神舎《じんじゃ》に詣《けい》せん輩《ともがら》此の秘鍵を誦じ奉るべし。昔予鷲峯《じゅぶ》説法の莚《むしろ》に陪《はん》べって、親《まのあた》り是の深文《じんもん》を聞き。豈其の義に達せざらんや而已《まくのみ》。

入唐沙門空海上表」

【大意】　時に弘仁九年の春に、全国で疫病が大流行しました。そこでおそれ多くも嵯峨天皇は疫病の速やかな終息を願い、自ら筆の先を金泥でもって染め、紺紙を掌に握って、『般若心経』一巻を書写し奉られました。私はその経典を講読する栄誉を賜って、経典の要旨を綴りました。其の効果はたちまちに現れ、まだ結願の詞を述べないうちに、病の癒えた人々が道にあふれ、佇むようになったのです。それはあたかも夜がたちまち明けて、日光が赫々と照りつけるような有様でした。このような奇跡が起こったのは、おろかな私が戒律を堅固に守った功徳ではなく、ひとえに金輪聖王にも比すべき帝王の深い御信仰の賜物であります。但し神社に参詣する人々は、かならずこの『秘鍵』を読誦し奉ってほしいのです。昔私は釈尊の鷲峯山での説法の座に連なって、『般若心経』の奥深い意味を直接お聞きする機会に恵まれました。だからどうしてこの経典の意味するところを捉えていないということができましょうか。私は『般若心経秘鍵』の中に、釈尊のお考えをしっかり取り込み、それを十二分に示すことができたと考えています。

入唐沙門　空海　上表

この上表文の真偽については、本書の「著作解説」六の3　上表文を参照。

付録　般若心経に聞く

1　いろはにほへと ちりぬるを

世の中の大きな変化を、八十数年の生涯の中で少なくとも二度、私は味わっています。

一九四五年八月十五日、この日を境に皇国日本から民主主義日本へと世の中の流れが一挙に変わりました。私が経験した初回の時代の変化です。国のために死ぬ教育から、ヒューマニズムに基づく人権尊重教育へと、百八十度の思想転換は、十六歳の少年の頭脳が理解するには重すぎました。

それからは日本人のもつ伝統的な古い柵《しがらみ》を捨て去り、欧米の民主主義にならい、新しい日本の建設をという時代の要請の中で、科学技術の振興、経済発展至上という目標に向かい、世の中は一目散に走りはじめました。

この時代には、日本人がそれまで保持してきた古くからの宗教や民俗儀礼、生活習慣などの伝統文化は、非科学的ないし封建的との一方的な世間の評価によって、次第に社会の表面から退いて行きました。

それが今ではどうでしょうか。もう物は満ち足りている。だが人々は心に空洞を抱えて生きている。物より心の時代だ。みんな自分のことしか考えなくなった。人と人を結びつける絆《きずな》が大切だといわれる時代です。古い絆は封建的な過去の遺物に過ぎぬから、早くきっぱりと断ち切れといわれて育った、私たちの世代はとまどってしまいます。

二度目の変化はゆっくりと、それでも確実に私たちの日常生活の判断基準を変えているようです。ギンギラギンに輝いていたかに見えた科学技術文明の未来に陰りが見えはじめ、経済的な優位性よりも、心の充足した生活を求める風潮が表面化してきました。

従来の欧米文化一辺倒の視線が、今まで看過しがちであった東洋固有の文化をはじめ日本の伝統文化や、それらと密接な関係をもつ仏教の思想や芸術に対して向けられるようになったのです。

いろはにほへとちりぬるを、盛者必衰《じょうじゃひっすい》、諸行は無常です。価値判断の基準も、世の人の生き方も必ずしも永遠に不変ではありません。

不安な時代を反映してか、人々が仏教に心の安らぎを求めて、経典を読んでみたい、その内容を知って、癒しに飢えた心の支えにしたい、という方が増えてきているようです。

仏教経典の中でも、『般若心経』は抜群の人気があります。この経典の解説書はいろいろな形でたくさん出ています。『般若心経』の中には人々の乾いた心を潤す秘密が、何か隠されているのでしょうか。私もまた、先賢の驥尾《きび》に付して、『般若心経』に隠された秘密をたずねてみたいと思います。

2　分かる、分ける

『般若心経』は八万四千もあるといわれる仏教の経典の中で、人々の間で最も親しまれ、ダントツの人気があるのは、いったいなぜなのでしょうか。

お経の全体が二百六十二文字と短く、覚えやすいという利点もあります。

短くとも、最後のところに呪文があって、お唱えすれば特別にご利益がありそうだという感じも、人気の理由の一つになっているかもしれません。

また『般若経』は大乗仏教の重要な経典の一つで、『般若心経』はそのエッセンスだといわれるから、これだけでも内容を知れば、仏教が少しは分かるのではないか、と早合点する方もいらっしゃいましょう。

そこで『般若心経』には、「空《くう》」とか「無」という言葉がたくさん出てくる。それでせめて「空」という言葉の意味さえ分かれば、『般若心経』の核心、ひいては仏教の教えの一端でもつかめるのではないか、と虫のよい期待をもって、このお経の内容を知りたいと願う方もいないわけではありません。

私たちに「分かる」という頭脳の働きが起こる場合には、ものを仕分けることから始まります。私たちの目の前に、動くものがあります。動と静を分けて、これは動くから動物だ、と他の静物から除外し、仕分けます。次に大きいから、蚤《のみ》や犬や小鳥ではない、と分別して、長い鼻があり、耳も大きい、足が四本ある、色はグレイだ、という特長を、他のものと少しずつ比べ分けて考えてみて、最後にそれが象だということが分かります。

このように「分かる」という私たちの認識作用は、まず分ける作業から始まります。ところが「空」とは、分けずに全体として把握する、そういう方法でしか分からないのです。仏教で説かれる空は難しい。一言で分かるように説明して欲しい、と頼まれたお坊さんもいらっしゃることと思います。でもそれは無理です。もともと分けられぬものに対して、分けるという理解の方法は通用しません。

一方、科学技術はものごとを対象化し、その一つひとつを構成要素に分解し客観的に分けることによって、それぞれの本質を把握しようとします。このような方法で、科学技術文明は長足の進歩を遂げ、私たちの日常生活もおかげで豊かな恩恵を存分に受け取っています。

ところが最近になって、分析的な方法によってものごとを細分化していって、真実を究めようとする従来の科学的な方法論では、処理できないことがらが出てきました。心の問題を扱う精神医学、動植物の生命を対象とする生命科学、地球を含めて全宇宙を対象として研究する環境科学に関する分野など、ものごとを要素に細分化して追究するだけではなく、全体的な把握の方法を取り入れなければ、不都合が生じることが分かってきたのです。

一部の科学者が、ものごとの全体的な把握について伝統的な研究実績のある東洋の思想や文化、なかでもとくに仏教に関心の目を向けるようになったのも、こういった理由もあります。

3　般若の知恵

通常、世の中に存在する物や出来事は、人間の理性によって判断することで、それらの本当の姿がわかると考えられています。理性に基づいて合理的に世界を解釈することが、現代人の常識となっているのです。

それに反して、人間の理性に背く判断や解釈を、日常生活に持ち込むことは非合理で、ときにそのような考え方は迷信として退けられ、いずれ科学の進歩によってなくなるものだと信じられてきました。

しかし現代科学が進歩するにともなって、ものごとを対象化し、理性的に分析する方法だけでは、解明できないことがあることに気がつきました。

ものごとがそれぞれ単独に存在しているように見えて、その実、それぞれの固体が、他の個体と密接な関係を相互に保ちながら存在していると解釈されるもの、あるいはことが少なくないということがわかってきたのです。

ものごとを知るには、理性によって分析して知る、いわゆる分析知があります。いわゆる科学的な知です。もう一つの知は、理性でとらえることのできない全体知です。総合知といってもよいでしょう。ものごとが相互にかかわりあいながら存在する関係についての知のことです。

日本語で、知識と知恵という言葉は、同じように使われることが多いのですが、内容は少し違います。知識をたくさん得ることを、知識を広めるとか、知識を積むといいます。一方、知恵は深まるとか、深めるといいます。ニュアンスが違うのは、内容がまったく同じではないということです。

分析知は知識に当たります。一方、全体知は知恵に相当すると見てよいでしょう。全体知は頭でわかるのではなく、体験を通してしかわからない。般若とは、この知恵という意味です。

般若という言葉は、サンスクリット語のプラギャー（prajñā）の俗語の形であるパンニャー（paññā）の音を漢字に写し取ったもので、意味からすれば、知恵となります。

だから般若の知恵といえば、同じ意味の言葉を二つ重ねることになりますが、音訳と意訳を並べて、内容を分かりやすく表現したと思ってください。

仏教の実践的な課題に六波羅蜜《ろくはらみつ》があります。菩薩の修行すべき六種の徳目のことで、布施《ふせ》・持戒《じかい》・忍耐《にんたい》・精進《しょうじん》・禅定《ぜんじょう》の五種の実践課題を履修して、最後に到達するのが知恵です。知恵は行動を起こし、その体験を通じて初めて獲得することができるのです。

『般若心経』に説かれている「空《くう》」も、全体に関係しています。空といっても、何もない、空っぽという意味ではありません。般若とか知恵と同じく理性によってではなく、体験によってしかとらえられない、ということです。

仏教が説く「縁起」も同じことをいいます。ものには固有の実体がなく、因と縁によってのみ存在する、と見るのが仏教の世界観です。空というのも、空という特別な実体があるのではない。つまり縁起も空も同じことを指しているのです。

4　固定観念を破る

『般若心経』には「空《くう》」という言葉がよく出てきます。なかでも「色即是空《しきそくぜくう》」という言葉は有名です。仏教で「色」というのは、いわゆるカラーの色ではありません。現実に存在する「もの」という意味で使われます。

また「即」という言葉は、仏教では、一般に考えられているような、等しい、イコールだということではないのです。イコールという意味であれば、色という物体と、空という物体、それぞれ別々に存在している物体が同じものだということになりますが、そうではなくて、「即是空」は、（色は）空の状態にある、という解釈を示しています。

そこで「色即是空」という文句を言葉で説明すれば、現実世界に存在するあらゆるものには、これといって決まった実体はなく、無限の関係性の中だけで存在するという意味になりましょう。

もう少しわかりやすくいえば、この世に存在するものはすべて、自分だけの判断でこうだ、ああだと決めつけられない、ということになります。空とはこれっきゃないと思い込む固定観念を捨てろ、ということです。

熊さんと八さんがこんにゃくを前にして議論をしています。熊さんはこんにゃくのこちら側が表だと主張します。だが八さんはその反対側が表で、相手がいう表は本当は裏なのだ、といい争って、決着がつきません。

そこへご隠居さんが出てきて、どちらだっていいじゃないか、表でない方が裏で、裏でない方が表だと仲裁し、両者を納得させるという笑い話です。人間の思い込みをぶち破り、一度、反対側に立って考えてみようということになりましょうか。空は教条主義的な思いを見事に破壊します。

ずっと以前のことですが、対談の名手であった徳川夢声《むせい》さんと、奈良の薬師寺のもと管長さんの橋本凝胤《ぎょういん》師がある週刊誌で対談して、凝胤師が天動説を平然と口にされた、ということで話題になったことがあります。その当時は科学思想万能の世でしたので、仏教の坊さんはなんと時代遅れなんだと半ば嘲笑気味な雰囲気で、この発言が受け取られていました。

でもよく考えてみると、問題は天動説と地動説、どちらが正しくて、どちらが間違っているかという、二者択一ではないのでしょう。

私たちは感覚的には、今いる場所が動いているとは思われません。ところが地球は自転するとされます。仮に赤道の上にいるとすると、一日で四万キロメートル移動するのです。感覚の上では動いていないように思う地球上にいる私が、計算してみると、時速千七百キロほどの超音速機並みの猛烈なスピードで動いていることになります。

でも現実に太陽は東から昇り、半日かけて西に沈みます。動くのは天か地か、どちらに基点を置くかの問題です。科学的な計算では太陽が固定されていて地球が動く、と考える方が説明しやすいだけのことです。地動説が絶対正しくて天動説が誤りだとは、必ずしもいえないと私は思います。

5　釈尊の教えを否定する

お年寄りと話すのは、なるべく避けたい、と思っている若者が少なくありません。お互いの年代が違っていて、話題がかみ合わないということもあるでしょう。それだけではなく、お年寄りはいつも自分のいいたいことを一方的にしゃべるだけで、相手の話にのってこないと、敬遠されます。

私も老齢を自覚し、充分注意しているつもりではいるのですが、よくやってしまって、しまったと思うことがよくあります。話題がいつも決まっていて、それに頑固にこだわるからです。長い人生の中で、失敗を繰り返しながらいろいろな経験を積み、考えが固定化して、それが最上だと思い込んでいるので、それを相手に押し付けようと、つい一方的にしゃべりすぎます。固定観念を披瀝する確信犯なのです。

釈尊の教えはいずれもすばらしいものです。お弟子さんたちにとっては、どんな場合でも、それは生きる上での最上の指針であることに違いありません。お弟子さんたちは、釈尊から直接、あるいは直弟子を通じて間接的に聞いた教えを、ずっと生涯を通じて守り続けようとします。

だが、どんなにすばらしい教えであっても、それにこだわり、どのような場合でも、その教えを硬直したまま現実に適用したり、後生大事に死守すれば、生命力を失います。

大乗仏教は釈尊の直説法を固定化して墨守しようとする態度を、徹底して批判します。大乗仏教の代表的な経典である『維摩経《ゆいまぎょう》』は、在家信者の維摩居士が、釈尊の直弟子である舎利弗《しゃりほつ》や目連《もくれん》の凝り固まった思想を、痛快に揶揄《やゆ》するところが面白い。この経典には、釈尊の教えの固定化を破る、大乗仏教の自由な発想がいたるところに展開しています。

『般若経』もその趣旨は同じです。『般若心経』には、いたるところに「無」の字が出てきます。そこでは釈尊の説かれた五蘊《ごうん》・六根《ろっこん》・六境《ろっきょう》・六界《ろっかい》、さらには四諦《したい》・十二因縁《じゅうにいんねん》など基本的な教えに関する術語に、いずれも「無」がつけられて否定されているのです。

でも、それは釈尊の教説を頭から否定しているのではありません。その教えを金科玉条《きんかぎょくじょう》のごとくに信奉し、固定的に受け取る教条主義的な考え方を、『般若心経』が批判していると見てよいでしょう。

ただ、このように否定の連続パンチの中にあって、般若波羅蜜多の知恵だけは否定されていません。それどころか般若の知恵に依って、究竟《くきょう》の涅槃つまり悟りの境地に行き着くことができると説かれています。

『般若心経』はこのように抽象的な概念はことごとく否定しますが、般若の知恵は抽象概念ではなくて、具体性をもちます。一切皆空という真理は単に空虚な思想ではなくて、般若菩薩という具体的な仏の悟りの境地を表現したものと見るのが、弘法大師・空海の考えなのです。

6　否定から肯定へ

『般若心経』は、無とか不をつけて、通常では真理と思われている言葉を次々に否定していきます。この無とか不とか空とかにこだわると、なんだか迷路に迷い込んだような不安な気持ちに襲われないでもありません。

否定が悟りにつながるとして、大乗仏教では、三解脱門《さんげだつもん》を説きます。現世の存在に対するこだわりを捨て、悟りに到達するためのものの見方の三種の代表として、空《くう》・無相《むそう》・無願《むがん》が取りあげられます。

この世にあるすべてのものは、もともと実体がなく、空である。
あらゆるものはもともと相、すなわちいかなる形ももたない。
あらゆるものはもともと願、すなわち願い求められるような働きがない。

このように現世の本来のありようを、達観することによって悟りにいたる、とされるのです。三解脱門は大乗仏教の代表的な観法《かんぼう》です。『般若経』系統の経典では、空や無を連続させ、否定を繰り返し、現象世界の存在を否定し尽くし、その先については沈黙します。言葉にする必要がないからです。

ところが密教の経典では、否定の究極についても見究めようとします。『般若経』系統の密教経典である『般若理趣経《りしゅきょう》』の第七段の教えは、この三解脱門で終わりません。三種の否定の連続の後に、四番目に「光明《こうみょう》」が出ます。空・無でもって否定し尽くしたところに、ぽっと光明が灯るのです。

この光明はサンスクリット語ではプラバースヴァラ (prabhāsvara) に当たります。原語からみて、この光明は世俗の光ではなく、行者の観法の中で現れる神秘的な光を指します。

否定の究極に、宇宙の本源的な光が出現する。一切のものを否定し尽くした空無の不安定さの中に、不思議な光が灯る。ホッと心が安堵します。大海に素手で漂い浮沈しているときに、突然、浮き輪に手が届いた感覚です。

龍猛《りゅうみょう》菩薩の作とされる『菩提心論《ぼだいしんろん》』の中に、「心源空寂《しんげんくうじゃく》、万徳斯具《まんとくしぐ》、妙用無窮《みょうゆうむく》」というすばらしい言葉があります。

行者が観法の中で、一切を否定し尽くして心が穏やかになると、この世はあらゆる功徳に満たされ、あらゆるものが仏さまのような尊い働きを限りなく続けていることに気づく、ということです。

この三句は、一般仏教が説く空の思想を密教の立場から解釈したものと見てよいでしょう。この世は何もない虚無の世界ではなく、光り輝く、積極的な万物肯定の世界であることが、ここで披瀝されています。

『般若心経』そのものも、「色即是空」の否定とともに、「空即是色」の肯定への翻りについても言及しています。

『般若心経』は抽象的な空の観念を解き明かしたものではなく、具体的な形をした般若菩薩の悟りの境地を示した経典とみなす空海独特の思想は、こういった肯定的な思想に裏付けられたものなのです。

7　見方が違う

東日本大震災から七年余り経過しました。地震、津波、原発事故と大きな災害の爪あとがまだあちこちに残されています。肉親を失われて、心に深い傷跡をかかえて生きている家族の方々のことを思うと、心が痛みます。

私たちはこの大災害から多くのことを学びました。津波てんでんこ、という言葉を初めて聞きました。津波が来たら、夫婦・親子・兄弟であっても、かまわず、てんでばらばらに逃げよ、という先人から伝えられた教訓です。

この言葉を聞いたとき、冷たい言葉だな、と思いました。でもそれは津波の恐ろしさを実感したことのない、傍観者の感覚であることをすぐに知りました。幾多の災害を乗り越え生きてきた先人が残した、大自然の脅威に立ち向かう、無力な人間の生活の知恵がこの言葉の中に凝縮していることに気づいたからです。

この教訓は、たんに肉親をあっさり見捨てるというのではなく、肉親相互の深い信頼関係の中で、それぞれのいのちを守る、という深い知恵の結晶であるに違いありません。

同じ言葉であっても、部外者で何も知らずに表面的な理解で発する場合と、長い間の生活体験とか、いろいろな辛苦をなめた日常生活の中から出てくる場合とでは、その言葉の重みはまったく違います。日常の経験だけではなく、それが宗教体験の場合も同様です。

仏教の場合も、常識的な見方に対して、宗教的な体験から見た場合、違った考えが生まれるということは、よくあることです。仏教内にあっても、他の流派ないし学派の考えに対して、自分たちの思想が勝《すぐ》れていると主張することを教判といいます。教判は中国仏教に起源をもちます。

また従来の考え方を、浅略釈《せんりゃくしゃく》とし、自己の考えを深秘釈《じんぴしゃく》といって区別することもインド仏教以来、行われてきました。

『般若心経』は一般には、大乗仏教の「空」の思想を説く経典と見なされてきました。ところが空海の著作になる『般若心経秘鍵』の中で、密教の観点からみれば、この経典の中に、小乗から大乗にいたるすべての教えが込められている、との独自の見解が披瀝されています。

空海は『般若心経』だけではなく、一般の大乗仏教の経典の名前の中にも、密教の深い意味が隠されていると説きました。諸種の『開題』という名がつけられた著作がそれに当たります。また『十住心論《じゅうじゅうしんろん》』では、人間の世俗的な心の状態から、次第に道徳や宗教に目覚め、さらに小乗から大乗の諸学派の教説に進む過程を述べ、それらを序列化し、最後に密教を掲げる教判論を展開しています。

ところがそこでは、これらの序列化された他学派の思想もまた密教眼からすれば、悉《ことごと》く密教に入るという、桁外れにスケールの大きい思想が表明されているのです。

ものの奥底に隠れている本質を正しく観る目さえもてば、すべてが密教だということに気づくということです。

8　捨てるものはない

二十世紀、日本は敗戦の痛手から立ち直り、やがて世界でも屈指の経済大国に成長しました。欧米の先進諸国をお手本にして、その社会制度や経済機構、さらに学術・文化などを積極的に取り入れることによって、急速に西欧的な近代国家に変貌をとげたのです。

ところが、一九九〇年代から日本は経済的な停滞期に入り、また社会も混迷の度を増し、いっこうに回復する兆しを見せません。その最も大きな原因はお手本を喪失してしまったということでしょう。

東西対立の片方の巨頭ソ連の崩壊、一方の雄であったアメリカも9・11後の社会混乱、リーマンショック後の経済変調、また世界各地における民族主義の台頭と宗教紛争の勃発、こういった現状はいずれも私たちのお手本にはなりません。

お手本があった時代は、私たちの生活目標は立てやすかった。その真似をしておればよかった。ところがそれがなくなれば、自分自身で方向性を見つけ出さねばならない。そこで問われるのは、真贋《しんがん》を見分ける眼力です。

日本が高度経済の発展を謳歌していた時代には、より早く、より確実に、目指す果実を手に入れたいという実利目的に到達するのに、不利なことや不要なものの排除が求められました。

一元的な価値観が絶対視される時代は、目標とするお手本は一つでした。ところが手本のない、それだけに価値観が多様化した時代には、それまでの効率優先社会では見捨てられてきた、夾雑物《きょうざつぶつ》の中に潜む独自の価値を、自分自身で見つけ出さねばなりません。

空海は『般若心経秘鍵《ひけん》』の中で、『般若心経』を『大般若経』を省略した顕教《けんぎょう》経典と見るか、それとも独自の目から見て密教経典と見るか、その違いを次のような喩《たと》えを出して、説明しています。

「医王の目には途《みち》に触れて皆薬なり。解宝《げほう》の人《にん》は礦石《こうしゃく》を宝と見る」

道に生えている何でもないような草を見て、医学・薬学を心得た人は何らかの病に効く薬がそれから採れると判断するが、そうでない人は単なる雑草として見過ごす。道端に転がる石ころを見ても、宝石の目利きのできる人は、その中に何かの宝石が潜んでいることに気づく、ということです。

この世の中に存在するものには、いずれのものにも何らかの他にかけがえのない価値が潜んでいる、捨てるものは何もない、とみる真言密教の考えかたを端的に表現した言葉といってよいでしょう。

お手本のない時代を生きる秘訣は、何よりも自身でものの真実を見出す目を養うことに尽きます。社会をリードしていく見識をもつには、一般社会の常識に安住し、そこに停滞していては不可能です。ものごとの表面だけを見て判断することはやさしい。しかし、ものの本質を見極める目をもつためには、日頃からの心がけと訓練が必要なのです。

9　本文と付録

『般若心経』には、現存する漢訳が八種類あります。私たちが日常読誦《どくじゅ》しているのは、そのうちの玄奘《げんじょう》訳です。漢訳の『般若心経』では、漢文で綴られた文章があり、最後のところにサンスクリット語をそのまま漢字に移した、十八字からなる呪文があります。

一般に『般若心経』は、空の思想を主体とした大乗仏教の思想を述べた文章がある部分が主文で、最後にある呪文は、付け足しの付録のようなものだと考えられています。ところが空海は、『般若心経』の中で、肝心なのは最後に説かれる呪文だと説きます。

私たちは『般若心経』を略して、よく『心経』といいます。この呼称は膨大な量の『般若経』の肝心な部分を取り出した経典という意味に受け取られているようです。でも最近の研究では、そのような常識をもう一度、見直してみようという意見も出てきました。

『般若心経』のサンスクリット原典は「iti prajñāpāramitā-hṛdayaṃ」（以上で般若波羅蜜多のフ

リダヤ終わる）という言葉で締めくくられています（中村元・紀野一義訳注『般若心経・金剛般若経』岩波文庫本　一七三頁）。ここで「フリダヤ」というサンスクリット語について考えてみましょう。

フリダヤという言葉は、普通、「心臓」という意味で使われ、エッセンスというように理解されます。ところが「フリダヤ」にはその他に、真言《しんごん》とか呪文の意味もあるのです。

面白いことに、お経の最後には「スートラ」という言葉がつくのが普通ですが、『般若心経』のサンスクリット語には、それがなく、「フリダヤ」で終わる。古い時代の漢訳でも「経」がなく、「般若波羅蜜多心」で終わります。それに「経」の語を入れて、漢訳したのは、玄奘訳が初めてなのです。

このようなことから考えて、私たちが『般若心経』といっているお経は、もとは独立した経典ではなく、「般若波羅蜜多の呪」であった可能性が高い。二十世紀になって中国の敦煌《とんこう》で発見されたいわゆる「敦煌文書」の中で、『般若心経』の写本の半数以上は「多心経」と略称されています（福井文雅『般若心経の総合的研究』春秋社　二〇〇〇年）。またわが国でも、世界最古のサンスクリット写本と目されている法隆寺蔵の貝葉《ばいよう》（棕櫚《しゅろ》の葉に書かれている写経）や「正倉院文書」でも「多心経」となっています。

「心経」と略称する場合は、『般若経』のエッセンスと理解されやすいが、「多心経」となると、「般若波羅蜜多の呪を説く経典」の意味になるのです。

これらのことから、空海が『般若心経』の「心」を、呪と理解したのは、独自の解釈というよりも、八世紀までの『般若心経』の見方の一端を受け継いだとも考えられます。

この説によりますと、「掲帝掲帝」で始まる『般若心経』の呪文は、付録ではなくて、むしろこの経典の本体だということになります。

10 コトバの不思議

私たちが日常生活をおくる上で、言葉は欠かせません。語り、そして聞き、書いて、そして読み、言葉は意思の疎通を図るのに不可欠の手段です。

それだけではありません、言葉のもつ機能はさらに広い。大ざっぱに分けて、言葉の機能は次の三種類になりましょう。

①思いを伝達したり、理論を展開する論理機能
②イメージを呼び起こす機能
③真実を動かす機能

言葉はこのような多角的な機能を備えています。言葉と漢字で書く場合は、どうしても言語

の意味が強いので、以後に②と③の機能を含めて論じるときには、漢字で表さずに、「コトバ」とカタカナ書きすることにします。

①思いを伝達する機能とは、普通、私たちが言葉とか文字という表現で用いている常識的な内容です。まず、自分の考えていることがらを他人に伝える働きをいいます。さらに私たちがものを考えるときには、自分が慣れている言語を使って、思索を深めるのが普通です。この場合も含まれます。

日常生活をおくる上で、私たちは言葉や文字を使って、思いを他人に伝達することが、万全であるように思いがちですが、必ずしもそうとは限らないということは、ときに痛感します。

子供のときに、伝達ゲームという遊びをしたことを覚えておられる方もいらっしゃるでしょう。数人の子供が一列になって、次々に隣の子の耳元に小声で一つのことがらをささやき、聞いたことをまた隣の子にそのまま伝える。聞いたことを数人の間で順番に伝えて、最後の子に何を聞いたか発表させると、ほとんどの場合、正確には伝えられていない、ときにはとんでもない話になって大笑いしたという経験を思い出します。言葉の伝達が必ずしも正確ではない、ということを私たちは知っています。

また思いのたけを込めて話すのに、十分な意思が相手に伝わらないときとか、誤解されているということはままあることです。日常生活上のことでも伝達は不正確であるのに、ましてや人間それぞれの経験とか体験を言葉で他人に完全に伝えるのはまず不可能です。

②イメージを呼び起こす機能をもつのは、詩や短歌、俳句、歌唱などの芸術です。この場合は、受け取り手が感覚的にとらえますから、発信者と受信者が必ずしも同じ内容のコトバをやり取りしているわけではありません。しかしイメージを伝達するのですから、各人各様なイメージを描き、多角的に把握してもよいわけです。

③真実を動かす機能とは、真言とか、呪文など、その意味を理解することは普通できませんが、人や物を動かすことができる不思議なコトバです。それについては、次に改めて考えてみます。

11　宇宙を動かすコトバ

「お前、顔色が悪い。近いうちに死ぬぞ」と面と向かっていわれれば「ゲンの悪いことをいうな」と、たいていの人は怒り出します。日頃、合理的で神仏など信じないと豪語している人でもです。

死ぬぞという言葉で、死ぬことはないと思っていても、イヤなものです。

言葉が何か知らない結果を招来する、という思いをたいていの人が心の中にもっているためでしょう。

日本もまた神代より「言霊《ことだま》の幸はふ国」といわれてきました（『万葉集』巻五、巻十三）。現実の言葉が目に見えぬ宇宙のコトバと連動して、現実を支配するという「ことだま」信仰は日本人だけではなく、多くの民族に共通するとみてよいでしょう。

『ヨハネ伝福音書』の冒頭にある「太初《はじめ》に言《ことば》あり、言は神とともにあり、言は神なりき」はキリスト教徒以外でもよく知られている聖句です。またインドでは、聖なる音とされる「オーム」は、現実世界を生み出す根源と考えられています。

インドで真言つまりマントラは真実の言葉（satya-vacana）であって、それは森羅万象とつながり、それらと連動する力、パワーをもつという信仰が古代より受け継がれてきました。現実世界で使われる言語は、宇宙の本源にあるコトバの支配を受けるのです。

真言とか呪文というと、何か非科学的で、日常生活とは無関係だと思われがちですが、それはコトバの本源的なエネルギーと直結しています。だからマントラが唱えられているのを聞くと、それがもつリズムについ引き寄せられてしまうのです。

神道で唱え上げられるノリトも同様です。マントラもノリトも聞いていて、その意味はわからない。でも、それらがかもし出す独特のリズムに自然に惹《ひ》かれていきます。言葉が意味をもつ以前のエネルギーを取り込んでいるからでしょう。

このように人間存在の根幹に横たわる、根源的な「いのち」と密接につながる言葉も、確かにこの世に存在します。

空海はその著『声字実相義《しょうじじっそうぎ》』の中で、「宇宙の気、人間の呼吸に伴う気、それらがかすかに発せられると、響きが起こり、それが声となる。その声がさらに名とも字ともなるが、それが体を招く」と述べています。現実の声がそのまま宇宙の真実とつながっているのです。

『般若心経』の最後に位置する「ギャテイ」などの真言が、この経典の本体だという空海の見解は、このような言語観に由来するとみてよいでしょう。

12 一切の苦厄を度す

『般若心経』には、大乗仏教の代表的な経典である『大般若経』のエッセンスがぎっしり詰め込まれているありがたい経典である、と一般に思われているためか、仏教経典の中でも抜群の人気があります。

それは今に始まったことではなく、千五、六百年も前からのことで、地域的にも、インド、西域地方、中国、チベット、ヴェトナム、朝鮮半島、日本と、大乗仏教が栄えた国々では軒並みに流行したようです。

このような圧倒的な人気の秘密は、どうも内容がもつ思想的な卓越性というよりも、この経典を読誦したり、写経したり、講説したり、供養したときに甚深の功徳がある、と広く民衆の間に信じられていたからと考えられます。

先にも述べました（「9 本文と付録」）ように、この経典はもともと『般若波羅蜜多心呪』として流布されていたということからも、呪としての機能に、より期待されていたことがわかります。

玄奘三蔵も、六百巻という大部の『大般若経』を翻訳するより、十数年も早く『摩訶般若波羅蜜多心経』を翻訳している（西暦六四九年）のです。

玄奘三蔵訳では『般若心経』の最初の「観自在菩薩が五蘊皆空《ごうんかいくう》と照見《しょうけん》された」とある後に、現存のサンスクリット語に存在しない「度一切苦厄《どいっさいくやく》」という語を付加し、現世利益《げんぜりやく》の経典としての体裁を整えています

もちろん、この経典の最後にある「ギャテイ・ギャテイ」などの神呪《じんしゅ》が「能除一切苦《のうじょいっさいく》、真実《しんじつ》不虚故《ふここ》」との功徳が述べられていて、この部分は漢訳とサンスクリット語が対応しています。このことから、玄奘三蔵は「度一切苦厄」の功徳を、呪文だけではなく、『般若心経』全体に波及させる意味で、冒頭に付加したのではないかとも考えられます。

空海は『般若心経秘鍵』の中で、「この故に誦持講供《じゅじこうぐ》すれば、則ち苦を抜き、楽を与え、修《しゅ》

習《じゅう》、思惟《しゆい》すれば、則ち道《どう》を得、通《つう》を起こす」とその功徳を述べています。

この中の「道を得る」とは、悟りに到ることで、「通を起こす」とは神通《じんずう》を起こすことができるという意味です。この二種の功徳の列挙によって、空海は『般若心経』を読誦し、受持する功徳として、得道すなわち入涅槃と起通すなわち現世利益の両面があることに注意を払っているのです。

『般若心経』は流布の形態から見れば、現世利益の功徳が勝れていると評価され、信仰されてきた歴史をもちます。だが一方では、大小乗のあらゆる思想を網羅した悟りに導くための思想と、その道程を説き明かす経典でもあります。その内容について知っておくことも大切です。『般若心経』を読誦し、写経する浄行とともに、その内容についても、ご一緒に学んでみたいと思っています。

本書は『空海　般若心経の秘密を読み解く〈増補版〉』（二〇一三年刊）の改題新版である。

〈著者紹介〉

松長有慶（まつなが ゆうけい）

1929年、高野山生まれ。高野山大学密教学科卒業。東北大学大学院インド学博士課程修了。文学博士（九州大学）。高野山大学教授、同学長、同密教文化研究所所長、大本山寶壽院門主、高野山真言宗管長、全日本仏教会会長、真言宗長者等を経て、現在、高野山大学名誉教授、密教文化研究所顧問。専門は密教学。主著に『松長有慶著作集』〈全5巻〉（法蔵館）、『密教の歴史』（平楽寺書店）、『密教』『高野山』『空海』（岩波新書）、『秘密集会タントラ校訂梵本』『秘密集会タントラ和訳』（法蔵館）、『訳注　秘蔵宝鑰』『訳注　即身成仏義』『訳注　声字実相義』『訳注　吽字義釈』『訳注　弁顕密二教論』（春秋社）、編著に『インド後期密教』上下（春秋社）がある。

訳注 般若心経秘鍵

2018年3月20日　初版第1刷発行
2023年4月10日　　　第3刷発行

著　　者　松長有慶
発 行 者　神田　明
発 行 所　株式会社 春秋社
〒101-0021　東京都千代田区外神田2-18-6
電話　03-3255-9611（営業）
　　　03-3255-9614（編集）
振替　00180-6-24861
https://www.shunjusha.co.jp/
装 幀 者　本田　進
印刷・製本　萩原印刷株式会社

ISBN978-4-393-17287-2　　定価はカバー等に表示してあります

◎松長有慶の本◎

訳注 秘蔵宝鑰

世俗の段階からはじまり真言密教の段階に至るまでの十住心を説いた空海の代表的著作を、わかりやすく読解した決定版。 3850円

訳注 即身成仏義

「即身成仏」の思想を、六大等の側面から理論的に説いた空海の代表作に、仏教用語から出典まで丁寧な解説を加えた決定版。 2750円

訳注 声字実相義

文字・音声と、ものと仏との関係を独自の鋭い考察から論じた『声字実相義』に、丁寧な解説を加え、わかりやすく読解した決定版。 2750円

訳注 吽字義釈

文字に焦点を当てて著された『吽字義』に、仏教用語から出典まで丁寧な解説を加え、わかりやすく読解した決定版。 2970円

訳注 弁顕密二教論

空海が、密教の優位を法身説法の立場から主張した代表作に、仏教用語から出典まで丁寧な解説を加え、わかりやすく読解した決定版。 3080円

▼価格は税込（10％）。